Manfred Schmidt

Marken im Bermuda-Dreieck

Manfred Schmidt

Marken im Bermuda-Dreieck

Wo Unternehmen ihr Geld versenken.
Und wie sie es wieder heben können

Frankfurter Allgemeine Buch
IM F.A.Z.-INSTITUT

Bibliografische Information Der Deutschen Bibliothek –
Die Deutsche Bibliothek verzeichnet diese Publikation in der
Deutschen Nationalbiografie; detailliertere bibliografische
Daten sind im Internet über http://dnd.ddb.de abrufbar.

Manfred Schmidt

Marken im Bermuda-Dreieck

Wo Unternehmen ihr Geld versenken.
Und wie sie es wieder heben können

F.A.Z.-Institut für Management-,
Markt- und Medieninformationen,
Frankfurt am Main: 2003

ISBN 3-934191-79-7

Frankfurter Allgemeine Buch
IM F.A.Z.-INSTITUT

Copyright F.A.Z.-Institut für Management-, Markt-
und Medieninformationen GmbH
Mainzer Landstraße 199
60326 Frankfurt am Main

Umschlaggestaltung F.A.Z.-Marketing/Grafik
DTP-Layout Dietmar Ostermann, F.A.Z.-Institut für Management-, Markt-
und Medieninformationen GmbH
Druck Druckhaus Beltz, Hemsbach

Printed in Germany

Vorwort

Unwissenheit kann es nicht sein, die immer mehr Unternehmen in eine gefährliche wirtschaftliche Lage bringt. Denn noch nie gab es so viel Ausbildung auf allen Stufen des Managements; noch nie waren so viele Informationen per Computer verfügbar; noch nie konnte man so leicht ausrechnen, welche finanziellen Folgen die täglichen Entscheidungen für ein Markensystem haben werden.

Trotz alledem manövrieren viele Unternehmen mit ihren Marken hart an der Grenze der Rentabilität oder verdienen schon gar nichts mehr. Die Rahmenbedingungen dafür verantwortlich zu machen oder gar auf deren Änderung zu hoffen, wird kaum helfen. Außerdem lässt sich für nahezu jede Branche ein Unternehmen benennen, das auch unter den gegebenen Bedingungen wirtschaftlich erfolgreich arbeitet und seine Marken nutzt, um die Ertragskräfte für Gegenwart und Zukunft zu sichern.

Auf der Suche nach den tieferen Ursachen für die Bedrohung der Wirtschaftlichkeit bin ich schon vor Jahren zu dem Schluss gekommen, dass sie in den Unternehmen selbst zu finden sind. Es sind die falschen Programme im Kopf, die branchenüblichen Erklärungen für schlechte Geschäfte und die defensiven Rezepte, die das Management auf falschen Kurs bringen. Vor allem aber ist es ein mangelndes Verständnis für systemische Effekte, für nicht unmittelbar einsehbare Ursache-Wirkungsbeziehungen.

Allzu sehr sind wir gewohnt, wirtschaftliche Vorgänge analytisch zu zerlegen, sie arbeitsteilig zu organisieren und damit den Blick für die dynamischen Wechselwirkungen in einem Wirtschaftskörper wie der Marke zu verlieren. Die positiven Energien, über die eine eingeführte Marke, ob Produktmarke oder Firmenmarke, zweifellos verfügt, werden auf diese Weise nicht mehr wirksam. Der Markt bekommt sie nicht mehr zu spüren und – was mindestens ebenso schlimm ist – die eigenen Mitarbeiter glauben nicht mehr an sie.

Dieser Entwicklung Einhalt zu gebieten und sie umzukehren, ist meine Absicht und der Sinn dieses Buches. Es ist geschrieben worden, weil ich nach einem Vortrag in Genf über die Kardinalfehler der Markenführung und das Bermuda-Dreieck der Marken ungewöhnlich viele zustimmende Reaktionen erfahren habe. Ich wünsche dem nunmehr ausgearbeiteten Text deshalb viele Leser, die in ihren Unternehmen für das wirtschaftliche Wohlergehen ihrer Marken Verantwortung tragen.

Allerdings weiß ich aus Erfahrung, dass sich nur wenige von ihnen in der Lage sehen werden, die seelischen und materiellen Anstrengungen auf sich zu nehmen, die allein den Erfolg ausmachen. Die Mehrzahl wird mein Buch möglicherweise interessant und darin auch passende Erklärungen für das triste Geschehen um sie herum finden.

Sie aber, der Sie dieses Buch gerade aufgeschlagen haben, könnten zu den wenigen gehören, denen es wirklich nützt.

Manfred Schmidt, im April 2003
Institut für Markentechnik Genf

Inhalt

I Die Kardinalfehler der Markenführung

Die Entwicklung des Marktes

Die Kardinalfehler der Markenführung, von denen in den folgenden Kapiteln die Rede sein wird, sind nicht nur weit verbreitet – sie haben auch ihre Geschichte. Sie sind eng verflochten mit der Entwicklung des Marktes in den letzten fünfzig Jahren bzw. mit gewachsenen Einstellungen der Markenhersteller gegenüber den vermeintlichen Zwängen des Marktes. Zwänge, die scheinbar diktieren, was zu tun ist, und die an die Stelle einer selbstbestimmten Markenführung die ängstliche, im Kern defensive Maxime gerückt haben, wonach »der Markt uns sagt, was wir zu tun haben«.

Wie ist dieser für Marken so verhängnisvolle Verzicht auf Selbstbestimmung entstanden? Eine kurze Rückbesinnung auf die entscheidenden Phasen der Geschichte des Marktes führt unmittelbar an die Stellen heran, wo Markenhersteller resignieren, ihr Geld versenken und – wo sie es wieder heben können.

Drei Phasen der Entwicklung

Blickt man auf die Marktgeschichte der letzten fünfzig Jahre zurück, so lassen sich aus markentechnischer Sicht drei Phasen unterscheiden. Die fünfziger bis siebziger Jahre bilden den ersten Abschnitt. Er ist in seiner Eigenständigkeit relativ leicht zu erkennen: Es ist die Nachkriegszeit mit ihren enormen Gründer- und Aufbauleistungen, und es ist zugleich die Goldene Zeit der selbstbestimmten Unternehmens- und Markenführung.

Die siebziger bis neunziger Jahre zeigen ebenfalls ein charakteristisches Profil: Es ergibt sich vor allem aus dem Versuch der Markenhersteller, wegen der Sättigung ihrer Märkte neue Märkte oder wenigstens weiße Felder zu erschließen. Es ist die Zeit des »Marketings« und der Diversifikation.

Natürlich erweist uns die Geschichte nicht den Gefallen, so etwas wie Phasen anzukündigen. Wir können nur rückblickend erkennen, dass sich Phänomene des Wandels verstetigen, und dann kann man ungefähr den Zeitpunkt angeben, an dem sich eine neue Entwicklung abzuzeichnen begann. In diesem Sinne gibt es zu Beginn der neunziger Jahre einen weiteren Einschnitt. Was man jetzt sehen kann, ist eine eigenartige Mischung aus nüchterner Rückbesinnung auf die verlorene Selbstbestimmung (und auf das verlorene Geld) und Phantasien, die mit der Internationalisierung und Globalisierung der Märkte freigesetzt wurden.

Für die uns hier beschäftigende Frage, wie es zu der für die Markenhersteller so gefährlichen Anpassung an die vermeintlichen Zwänge des Marktes kam, sind die ersten beiden Phasen von besonderem Interesse.

Die fünfziger bis siebziger Jahre

Die fünfziger bis siebziger Jahre standen im Zeichen des Markenaufbaus. Einige Marken existierten bereits vor dem Krieg; sie wurden mit Blick auf die neue Zeit reorganisiert. Sehr viele Marken sind aber in dieser Zeit erst entstanden.

Markenaufbau wurde damals nicht so verstanden, wie man es heute vielfach im Kopf hat – nach dem Motto: »Wir machen eine Marke.« Damals hatten Unternehmer eine Idee für eine Unternehmensleistung. Ob das nun ein anfassbares Produkt, eine Dienstleistung oder der berühmte Schrotthändler war, den alle bewunderten, weil er so erfolgreich war. Es war diese persönlich geschöpfte Idee, und es war ein unternehmerisches Wollen, diese Idee zu einem Geschäft zu entwickeln.

Diese Unternehmer – und das charakterisiert sie als Typus – verfügten über einen unglaublichen Willen und eine enorme Durchsetzungskraft. Sie haben sich mit jedem gestritten, der ihnen etwas in den Weg stellen wollte. Und sie haben nicht gesagt: »Ach so, das geht nicht – dann mach' ich halt lieber etwas anderes.« Sie haben ihre Ideen vielmehr durchgesetzt; und wenn eine Mauer aus Sicht von irgendwelchen Administratoren nicht dort stehen durfte, wo der Unternehmer sie haben wollte, hat er solange gekämpft, bis die Mauer am vorgesehenen Platz gebaut werden konnte.

Ich verberge nicht meine Sympathien für diese Gründerfiguren, die ihr Geschäft vorwärts brachten und die die Fähigkeit zu führen besaßen. Leider findet man heute diese Kraft nicht mehr allzu häufig. Man hat den Blick nicht vorwärts gerichtet, sondern hat zu einem Zeitpunkt scheinbar alle Optionen und spielt sie durch. Damals war der Weg nach vorne eindeutig definiert.

Zu jener Zeit wurden die Unternehmen eher intuitiv geführt; es gab nicht so viel Zahlenmaterial. Es gab aber eines, und das war die kaufmännische Geschäftsauffassung der Dinge, die damals stärker ausgeprägt schien. Die Leute wollten einfach Geld verdienen. Dieser Grundantrieb war eine unglaubliche Hilfe und mag auch erklären, warum die Intuition ausreichte. Es ging ums Geldverdienen; und die Zahlen, die man dafür brauchte, waren in der Buchhaltung nachzulesen. Alles andere wurde intuitiv gemacht. Im Laufe der Zeit ist dieses eigenartige, nicht gering zu schätzende Vermögen immer mehr verloren gegangen.

Schließlich gab es auch Bedingungen, die dieser Art der Unternehmensführung entgegenkamen: Die Märkte waren homogen, d.h., sie waren nach klaren Branchengrenzen – also nach Fachgebieten – geordnet. Dort gab es naturgemäß Interessengleichheit der Beteiligten. Als Qualitätssysteme kontrollierten und korrigierten sich die Märkte selbst. Und sie waren noch frei von jenen Fremdlingen, die ihr Geld in anderen Bereichen verdienen und in einer Branche nur auftauchen, um diesen Markt mal »aufzumischen« und sich zu Lasten der Branchenführer zu profilieren.

Zugleich bedeutete diese Homogenität der einzelnen Märkte, dass die Beteiligten in einer Fachbranche aufwuchsen. Sie haben dort gelernt, sich mit dem Produkt entwickelt, und sie haben das Produkt geliebt. Es gab eine unglaubliche Nähe und Affinität zum Produkt, und das bedeutet, dass man von vornherein ordentlich damit umgeht. Wer nämlich sein Produkt kennt, es liebt und der Meinung ist, es sei das beste Produkt, das man machen kann, der wird es nicht verheizen oder in die falschen Kanäle leiten.

Wie viele Manager gibt es heute, die ihr Produkt gar nicht mehr kennen; die gar nicht wissen, was ihr Unternehmen verkauft; welche Produkte mit welchen Eigenschaften da draußen wirklich gerne gesehen und welche mal eben so »reingeschoben« werden. Es gibt Manager, die ihre Produkte nur als Zahlen und Chiffren sehen. Diese unnatürliche Distanz verleitet dazu, das Markenprodukt hin- und herzuschieben, die Namen zu ändern, zu fusionieren – im wahrsten Sinne des Wortes also zu managen, nicht zu führen. In den fünfziger bis siebziger Jahren hatten alle Beteiligten eine Produktleistung im Kopf und im Herzen, und sie beherrschten die kaufmännischen Regeln. Zudem waren sie auf zwei Punkte aus: höchste Qualität und hohen Ertrag.

Die Branchen waren vertikal organisiert. Es gab kein Überangebot, sondern eher eine Unterversorgung. Das bedeutete: Wer die Produkte herstellte, der beherrschte auch die weitere Wertschöpfungskette. Das galt in der Dienstleistung ebenso – wer das Dienstleistungsprodukt erbrachte, der bestimmte auch, was damit passierte.

Zur vertikalen Organisation eine grundsätzliche Anmerkung: Ein Geschäft zwischen einem Hersteller oder Dienstleister und einem Konsumenten sollte immer ein vertikales Geschäft sein. Wir brauchen eine vertikal gerichtete Energie, um über alle Stufen beim Konsumenten anzukommen, und wir brauchen eine Rückflussenergie, um den Gegenwert in Geld für die ganze Wertschöpfungskette reinzuholen. Das sind notwendig vertikale Prozesse; dieser Einsicht kann man sich kaum widersetzen. Eine derart gerichtete, gesunde Struktur gab es damals. Das bedeutete: Der Hersteller oder Dienstleister dominierte das ganze Geschehen.

Darüber hinaus war das Geschäft überschaubar. Es spielte sich innerhalb regionaler oder nationaler Grenzen ab. Nur wenige Unternehmen arbeiteten wirklich international oder gar weltweit. Und man dachte herkunftsbezogen, in zweierlei Hinsicht. Zunächst im strengen Sinne des Wortes: Wo sind wir angesiedelt? Woher kommen wir? Man berief sich also, und zwar mit Stolz, auf einen Ort, ob es nun »Made in Germany« oder »Made in Solingen« war. Eine andere Möglichkeit, die Herkunft herauszustellen, war der Verweis auf die Geschichte der Firma. Man bezog sich auf das, was man schon alles geleistet hatte, auf die Gründungsidee, darauf, aus welchen Verhältnissen man kommt und wie das Unternehmen sich entwickelt hat. Ob nun regional oder mehr geschichtlich akzentuiert – in jedem Fall gab es einen erkennbaren und gerne vorgezeigten Herkunftsbezug.

Das Geflecht aus Prinzipien und Praktiken jener Jahre ergab im Ganzen übrigens eine gesunde Idee von Wirtschaft, die sich am Ergebnis zeigt: Nahezu alle Marken, die heute noch stark sind, entstanden auf diese Weise. Es gibt wenige Marken, die später entstanden sind und die gleiche Stärke realisieren konnten. Viele der frühen Marken sind natürlich auch wieder schwach geworden – aber nicht in der Gründungszeit, sondern in der Folgezeit.

Als sich die Zuwachsraten allmählich verlangsamten, weil eine Sättigung in den verschiedensten Branchen eintrat oder absehbar war, wurde das Marktgeschehen unruhiger. Das galt erst recht, wenn man sich die achtziger Jahre vorstellte. Die standen im Zeichen einer von allen erwarteten Marktsättigung. Die neue Frage lautete also:»Was kommt eigentlich, wenn die Zuwachsraten ausbleiben?« Am Beginn einer Antwort stand überall das Ausrechnen des Marktanteils. Und dabei ergab sich:»Wir sind zu klein.« Alle – auch die Marktführer – fanden sich plötzlich zu klein. Nun ging es darum, die Plätze für die gefürchteten Achtziger zu besetzen. Die neue Parole lautete:»Jetzt brauchen wir Marktanteile!« Der Verdrängungsmarkt war eröffnet.

Die neue Orientierung führte zu einem Preiskampf, der für äußerste Unruhe sorgte. Fachverbände versuchten, ein Minimum an Ordnung aufrechtzuerhalten. Sie verabredeten, dass über Notare die geplanten Produktionsmengen addiert und bekannt gegeben werden sollten. Dies ergab in Summe jeweils Produktionsmengen, die weit über der Gesamtabsatzerwartung lagen. Man verständigte sich also darauf, dies zu ändern:»Wir sind ja vernünftige Leute, wir nehmen die Zahlen runter – jawohl, wir nehmen das runter.« Und dann ist man nach Hause gegangen, und ganz»Clevere« haben ihre Produktionsmengen nochmals hochgesetzt. Mit derart primitiven Überlegungen wurde die heutige Zeit eingeläutet.

Die siebziger bis neunziger Jahre waren die Zeit der Marktausschöpfung. In dieser Zeit kam das Marketing von Amerika herüber und damit Instrumente, mit denen man den Markt analysieren konnte. Die unternehmerische Intuition wurde durch diese eher analytisch-mechanistisch angelegten Instrumente weitgehend abgelöst.

Dass es im angestammten Markt doch noch einige weiße Flecken gab, zeigten die Marktanalysen. Aber diese Kleinarbeit – kleine weiße Flecken in der Distribution oder im Sortiment festzustellen und mit bescheidenen Maßnahmen auszufüllen – betreibt der Mensch nicht lange:»Damit können wir doch den entscheidenden Schritt nicht machen.« Doch woher sollten die erwünschten»großen Schläge« kommen?

Man schaute deshalb über die eigene Branchengrenze hinaus und fand zum Beispiel, dass diese eigenartigen neuen Gebilde, die Supermärkte und Verbrauchermärkte, immer größer wurden. Da kam man auf die Idee:»Da müssen wir rein! Das gibt einen Riesensprung! Nur ein Prozent in einem solchen Kanal, und wir sind alle Wachstumssorgen los.« So wurden die Branchengrenzen beispielsweise in der Distribution eingerissen, weil man – und das ist ein typisches Verhalten des Marketings – die Prozesse eher analytisch und letztlich mechanistisch verstand. Die Grundüberzeugung war ungefähr die folgende: In Nachbars Garten gibt es auch eine Möglichkeit, unsere Produkte zu verkaufen. Also werden wir da die Ersten sein. Wenn man zu spät kommt, ist immer schon alles vorbei. Die Grundeinstellung lautete also, möglichst früh mitzumischen.

Dass Supermärkte und Großflächen die Qualitäten nicht halten, dass sie die Mengen auf gewohnte Weise gar nicht verkaufen konnten, dass so die Sonderangebote entstanden sind – all diese Phänomene hat man vorher nicht gesehen, weil man nicht unternehmerisch und kaufmännisch dachte, sondern rein analytisch, d.h. im Vertrauen auf Zahlen und lineare Verläufe, im Glauben an eine Wirklichkeit, die nach Plan zu gestalten ist.

Zu dieser Zeit hatten die Unternehmensführer selbst wenig bis keine Ahnung von Marketing. Sie haben eine solche Abteilung entweder gar nicht zugelassen, oder sie haben an die neuen »fortschrittlichen« Methoden geglaubt. In den meisten Unternehmen konnte sich das Marketing aber schließlich verselbstständigen. Dieser Prozess ist jetzt abgeschlossen. Das Marketing hat jetzt so viel Eigendynamik gewonnen, dass viele Unternehmen gewissermaßen aus der zweiten Reihe geführt werden.

Für unsere Periodisierung der Marktgeschichte seit den fünfziger Jahren ist besonders wichtig, dass durch das vom Marketing gesteuerte Verhalten die Branchengrenzen gefallen sind. Es entstanden heterogene Märkte. So wie man als Hersteller die Distribution branchenübergreifend anlegte, so hat auch der Handel seine Grenzen gesprengt. Billighändler fingen an, dem Qualitätshandel mit Importprodukten Konkurrenz zu machen. Und schon bald wurden sie auch von Markenherstellern des Qualitätslagers beliefert. Dadurch wiederum fühlten sich Fachhändler verraten und bedroht und holten nun ihrerseits Billigware in ihr Sortiment. Man wollte es damit den anderen »zeigen«. Beide Linien verbreiterten die Front: Die einen haben die billigen Hersteller miteinbezogen und die anderen die billigen Händler beliefert. Die ehemals homogenen Märkte verwandelten sich in eine völlig offene Absatzlandschaft.

Alle Aufgabenbereiche wurden in die Breite gezogen, und zwar ohne Begrenzung. Eine solch offene Struktur ist indes für den Handel viel leichter zu managen als für den Hersteller von Markenprodukten. Der Handel ist eher in der Lage, seine Kompetenz in unterschiedlichen Sortimenten und Abteilungen darzustellen. Und wenn es nicht mehr Abteilungen sind, sind es Stockwerke. Und sind es nicht mehr Stockwerke, dann unterschiedliche Vertriebsschienen, verschiedene Filialschienen. Der Handel kann das alles in den Griff bekommen; wenn er breiter wird, wird er sogar stärker. Und wenn er dann auch noch zentral einkaufen kann, wird er noch mächtiger und immer größer.

Genauso ist es passiert. Marken hingegen werden durch Ausweitung nicht unbedingt stärker. Eine Marke wird nur durch adäquate Produkte und Leistungen in ihrer Position gestärkt. Durch Ausweitung in ihr fremde Bereiche kann sie nur schwächer werden. Und schließlich fließen diese Schwächen auch in das Verkaufsgespräch, das mit dem Handel zu führen ist, ein und werden zum beherrschenden Thema. Dann kippen die Verhältnisse. Und das ist damals geschehen: Der Handel wurde in dem Maße stärker, in dem die Hersteller schwächer wurden. Die Marktstruktur, die in den siebziger bis neunziger Jahren entstand und jetzt noch besteht, ist die der Handelsdominanz.

Der Handel bestimmt das Spiel. Das ist für Marken, die eine klare Position durchsetzen und sich treu bleiben müssen, eine äußerst missliche Lage. Leider wurden die ungünstigen Verhältnisse von den Herstellern selbst kultiviert. Sie akzeptierten, dass der Handel das Spiel bestimmt. Sie haben sich seinen Forderungen unterstellt, indem sie z.B. die immer größer werdenden Handelsorganisationen mit Konditionen fütterten. Das hat die Anzahl der Handelspartner schmelzen lassen und eine Machtkonzentration ohnegleichen gefördert. Dankbarkeit für diese Förderung allerdings hat sich nicht eingestellt – mit der Folge, dass mancher Hersteller kapituliert: »Die Großabnehmer sind so mächtig, da kann man fast nichts mehr tun.«

Mit dieser Verschiebung der Machtverhältnisse haben sich zugleich auch die Grenzen geöffnet: Aus der regionalen ist eine nationale Verbreitung geworden; und schließlich hat man mitsamt seinen Wettbewerbern auch die nationalen Grenzen überschritten. Sogar global meint mancher Markenanbieter agieren zu müssen, selbst wenn seine Kräfte dazu gar nicht reichen.

Für Markengeschäfte gilt grundsätzlich, dass eine Marke umso stärker wird, je komprimierter sie arbeitet. Marke braucht Kompression. Kompression im Produktangebot, in der Positionierung und in der Distribution. Ideal ist der Kompressionsgrad, der genug Geschäft zulässt und gleichzeitig das Interesse der Geschäftspartner aufrechterhält. Wenn man an alle liefert, hat der einzelne Geschäftspartner kein Interesse, sich für die Marke einzusetzen. Kompression begünstigt die Kraftentwicklung einer Marke. Tatsächlich aber wurde dekomprimiert, und zwar an allen Fronten. Es gibt nur wenige Marken, für die Ubiquität das angemessene Distributionsprinzip ist (z.b. Coca-Cola).

Im Marketing lauten die Fragen nicht mehr:»Wo komme ich her?« – »Was kann ich?« Jetzt heißt es:»Was gibt's da draußen?« – »Welche Käufer haben wir noch nicht?« – »Was machen die anderen Hersteller?« – »Was muss ich machen von dem, was die mir da draußen sagen?« Kurz: Man reflektiert die Marktanforderungen. Das wird sogar kultiviert mit Formeln, die scheinbar etwas hergeben:»Wir müssen uns dem Markt stellen« oder »Der Markt sagt uns, was wir zu tun haben.« Solche Sätze lassen einen Markentechniker erschaudern. Aber das ist die allgemein gültige Einstellung. Das öffnet die Marke soweit, dass sie schließlich zum Spiegelbild des Marktes wird und nicht länger ein Abbild ihrer selbst ist.

Das ständige»Scannen« des so genannten Marktes, ohnehin schon schlimm genug, wird einer Marke vollends zum Verhängnis, wenn der Beobachter, der Chef auf der Brücke, auch noch der Ansicht ist, er müsse auf jede wahrnehmbare Veränderung reagieren. Er beschäftigt sich selbst und seine Mannschaft am Ende Tag für Tag mit Änderungsbefehlen, um dem anscheinend täglich sich ändernden Markt gerecht zu werden. Der Kapitän eines Tankers würde ihm verständnislos zuschauen. Auch er kennt die Beweglichkeit des Meeres und des Wetters. Und er kennt die unveränderlichen Grundströmungen. Aber er hat einen Routenplan, und an dem hält er fest, mögen noch so viele große oder kleine Wellen auf sein Schiff zurollen.

Es gibt eine zweite, nicht weniger verbreitete Grundüberzeugung, die in dieser Phase der jüngeren Marktgeschichte entstand und die uns hier in ihrer gegenwärtigen Bedeutung interessieren soll. Es ist die – heute allgemein akzeptierte – Leitidee des niedrigen Preises. Zusammen mit der Überzeugung vom instabilen Markt und seinem unausweichlichen Veränderungsdruck bildet diese Idee geradezu die Quintessenz dessen, was als »Verdrängungsmarkt« gilt – mit welcher Drohvokabel in der Regel ein Umfeld gemeint ist, in dem selbstbestimmte Markenführung für nicht mehr realisierbar gehalten wird. In allem, was gegenwärtig an Marktanpassung geschieht, steht der Preis an erster Stelle. Seltsamerweise ist es der niedrige und nicht der hohe Preis. Obwohl alle, die an Marken arbeiten, eine kaufmännische Ausbildung haben und also wissen müssten, dass man mit dem Preis das Geld hereinholt, ist es der niedrige Preis, der als Leitidee fungiert. Das führt so weit, dass man von »Preisführerschaft« spricht und damit den niedrigsten Preis meint. So etwas darf man abnorm nennen: Wer die geringste Leistung erbringt, nennt sich Preisführer! Es wird nicht einmal mehr hinterfragt, was eigentlich gemeint ist, wenn jemand sagt, er wolle Preisführer werden. Es ist allen klar: Preisführer sein heißt, »unten« der Erste sein.

Im Sog dieser Überzeugungen hat sich ein geradezu zwanghaft wirkendes Gedankenmuster entwickelt: In den heutigen Märkten gehen die Preise sowieso nach unten, und da muss man mitmachen. Und wenn du die Preise senkst, dann musst du auch die Kosten senken. Und wenn du die Kosten gesenkt hast, dann hast du wieder Manövriermasse, um die Preise zu senken usw. Diese ersichtlich riskante Abwärtsspirale wird schließlich verbrämt mit juvenilen Sprüchen wie »Na ja, wir haben ja auch ganz schön Fett angesetzt in den guten Jahren.« Nur: Den Übergang von dem Moment, in dem man noch Fett abbauen kann – was immer das übrigens bedeuten mag –, zu jenem Augenblick, wo man Muskeln abbaut und schließlich abgemagert dasteht, den bemerkt dann keiner mehr.

Die Aktionsspirale »Preise runter, Kosten runter« ist leider flächendeckend wirksam, obwohl wir heute die besten Informationstechnologien haben. Auf Knopfdruck stehen uns alle Informationen zur Verfügung. Es kann sich jeder ausrechnen, dass das Ergebnis um zwei Prozent schlechter ist, wenn der Preis um zwei Prozent runtergegangen ist. Kaum jemand hat nachgerechnet, wie viel Menge er zusätzlich machen muss, um nach einer Preissenkung das gleiche Geld in der Tasche zu haben.

Jeder kann sich vorstellen, dass man irgendwann unten aufschlägt, wenn der Winkel nach unten eingestellt ist. Es ist auf dieser Welt so angelegt, dass unten der Boden ist. Wenn ich nach einigen Runden dort gelandet bin, dann kann ich mir eine Beratungsfirma holen, die mir das Ding noch einmal ein bisschen schlanker macht. Das ist freilich so, als würden wir uns in einem Keller eine Grube graben, um noch etwas tiefer zu kommen.

Was man – gefangen in dieser Abwärtsspirale – völlig vergessen hat, ist der einfache Umstand, dass nach oben eigentlich alles offen wäre – keiner von uns kann sich vorstellen, wie hoch es geht. Das sind unermessliche Dimensionen. Für das, was den Begriff Markenführung verdient, muss man deshalb zuallererst die Tendenz umkehren: Es soll nach oben gehen. Da gibt es keine Decke, die uns bremst. Es wird so schnell gesagt: »Das geht nicht.« Doch das Einzige, was wirklich nicht geht, ist, sich immer weiter runter zu bewegen.

Doch bevor wir uns den erfreulichen Perspektiven widmen, geht es erst einmal darum, das Bewusstsein für die gefährlichen Folgen der im Namen des Marktes aufgegebenen Selbstbestimmung zu schärfen. An welchen ertragsrelevanten Stellen wird es gefährlich, wenn die Verantwortlichen ohne Rücksicht auf die Gebote der selbstbestimmten Markenführung den Überzeugungen folgen, die uns das Zeitalter des Verdrängungsmarktes beschert hat?

Wo Unternehmen ihr Geld versenken

In dem als »Bermuda-Dreieck« gefürchteten Seegebiet erreicht der Atlantik bis zu 6,5 Kilometer Tiefe – und so ist es kein Wunder, dass die dort havarierten Schiffe nie wieder auftauchen. »Verschollen im Bermuda-Dreieck«, heißt es dann lapidar.

Das Bermuda-Dreieck der Markenführung ist nicht weniger riskant, aber seine Opfer sind nicht gleich verschollen, sie schwimmen sogar noch einige Zeit, Rettung wäre also durchaus möglich. Aber allzu oft verschwinden die Unternehmen eben doch – weil sich die Unternehmensführung entweder der Gefahr gar nicht bewusst ist oder weil sie die auflaufenden Risiken schlichtweg unterschätzt.

Um beim maritimen Bild zu bleiben: Kein Seemann wird sich freiwillig den tödlichen Folgen für Schiff und Mannschaft aussetzen. Da es trotzdem immer wieder vorkommt, müssen wir davon ausgehen, dass einige Schiffsführer die Widerstandskraft ihres Dampfers gegen die Stürme des Dreiecks überschätzen oder sich nicht der Steuerungsinstrumente sicher sind, die sie im Notfall aus der Gefahrenlage herausführen könnten. Dem Kapitän persönlich ist es möglicherweise auch einfach wichtiger, den nächsten Zielhafen pünktlich anzusteuern, als die gebotene Vorsicht walten zu lassen und den ihm anvertrauten Vermögenswert zu schützen.

Die strategischen Felder der Markenführung

Und genauso verhält es sich im Bermuda-Dreieck der Markenführung. Das Dreieck steht für die drei strategischen Felder an der Schnittstelle zur zahlenden Kundschaft, an der Schnittstelle zu jenem Geld, das die gesamte Wertschöpfungskette bis hin zum Rohstofflieferanten für ihre Arbeit belohnen soll. Es sind die Felder Distribution, Sortiment sowie Preise und Konditionen.

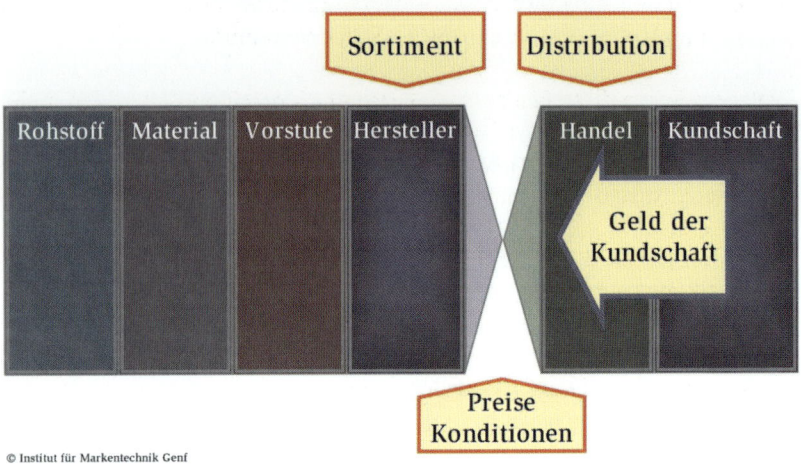

Die strategischen Felder an der Schnittstelle zum Geld

Sortiment   Distribution

| Rohstoff | Material | Vorstufe | Hersteller | Handel | Kundschaft |

Geld der Kundschaft

Preise Konditionen

© Institut für Markentechnik Genf

Abb. 1

In diesen drei Feldern nicht unterzugehen, dort vielmehr das Schiff gut zu steuern, ist zwingend erforderlich, denn die Gestaltung dieser Felder entscheidet darüber, ob das Markenprodukt seinen vollen finanziellen Gegenwert beim Konsumenten realisieren kann. Weil dieser elementare Steuerungsbereich eines Markensystems vom Topmanagement weitgehend ignoriert wird, müssen wir uns kurz vor Augen führen, was in diesen drei Feldern eigentlich geschieht, welche Handlungsweisen welche Konsequenzen haben:

- Eine offene Distribution hat in der Regel mangelndes Engagement seitens des Handels zur Folge. Eine hoch selektive Distribution wiederum macht die gewünschten Mengen unmöglich.
- Ist das Sortiment zu klein, kann sich der Umsatz nicht entwickeln. Ein ausuferndes Sortiment hingegen schafft Verluste durch eine zunehmende Zahl von schwachen Produkten, die zu wenig Absatzpotenzial haben.
- Verhandlungsfähige Preise und Konditionen haben mangelnde Durchsetzungskraft beim Handel zur Folge. Nur voll kalkulierte Preise und Konditionen auf der Basis von Leistung und Gegenleistung ermöglichen ein positives Ergebnis.

Dass in diesen drei strategischen Feldern in den meisten Unternehmen kontinuierlich Geld versenkt wird, liegt verblüffenderweise daran, dass diese Felder überhaupt nicht als Aufgabe der Markenführung betrachtet werden. Mit dem Ergebnis, dass die Marke finanziell ausblutet und mit ihr das gesamte Unternehmen nachhaltig Schaden nimmt.

Trotzdem liegen diese Felder im Tagesgeschäft brach, weil man sich in der Unternehmensführung der Notwendigkeit zu ihrer aktiven Gestaltung im Interesse der Marke kaum bewusst ist. Es existieren einfach keine Strategien: Weder wird die Absatzlandschaft auf der Grundlage eindeutiger Vorgaben geformt, noch ist die Aufnahme neuer Produkte in das Sortiment durch präzise Kriterien geregelt. Genauso steht die Preis- und Konditionenpolitik nur in den wenigsten Unternehmen auf der Basis eines objektiven Systems. Die Entscheidungen, die auf diesen drei Gebieten täglich zu fällen sind, hängen vielmehr von Personen und vermeintlichen situativen Zwängen ab. Eine sinnvolle Konstanz oder gar Führung von oben lässt sich jedenfalls nicht erkennen.

Natürlich ist ein solches Defizit schwer vorstellbar. Wie um alles in der Welt können derart gravierende, taktische Bereiche vom Management ausgespart werden, wenn doch der wirtschaftliche Markenerfolg ganz wesentlich von ihrer Gestaltung abhängt? Die Antwort liegt einmal mehr in der verschobenen Sichtweise der handelnden Personen: Sie interpretieren die strategischen Felder Distribution, Sortiment sowie Preise und Konditionen nicht als zentrale Gestaltungsinstrumente der Markenführung, sondern als variable Größen, mit deren Hilfe sich der Umsatz steigern lässt. Der Umsatz und daraus resultierende Marktanteile sind aber ein Wert, an dem das Management sich gerne und fast zwanghaft messen lässt und von außen auch gemessen wird. Auf ihn ist alle Aufmerksamkeit gerichtet.

Wenn ein Markenhersteller Umsatzstagnation bemerkt, sucht er im Allgemeinen nach neuen Möglichkeiten der Umsatzbelebung. Und in der Regel hält er bestimmte Veränderungen gerade in einem dieser drei strategischen Felder für eine Chance, den Umsatz wieder zu steigern. Unversehens werden sie zu Umsatzschleusen umfunktioniert. Und sie werden geöffnet. Aber jedes Öffnen einer solchen Umsatzschleuse – ganz gleich, ob es sich um die Ausweitung der Distribution oder des Sortiments oder das Nachgeben bei Preisen und Konditionen handelt – garantiert letztendlich nur einen Geldverlust. Denn jede Öffnung einer dieser Umsatzschleusen löst zwangsläufig eine verheerende Kettenreaktion in den beiden verbleibenden Feldern aus.

Aktivitäten, die das Management plant, um die Schwächen einer Marke durch Umsätze zu kompensieren, statt diese von innen heraus zu stärken, führen eine Marke unausweichlich an das Bermuda-Dreieck heran. In welchem Feld des Dreiecks auch immer man ansetzt, um stagnierende Umsätze zu mobilisieren – es kommt zu einer Kettenreaktion: Das Öffnen einer der Schleusen wirkt sich durch weitere Kompensationshandlungen auf die jeweils anderen zwei strategischen Felder aus. Es handelt sich dabei um einen systemischen Vorgang, in dem es zu zwangsweisen Übertragungen kommt. Entsprechend kann der Prozess an jeder Stelle des Dreiecks beginnen und in beiden Richtungen nach dem gleichen Schema verlaufen.

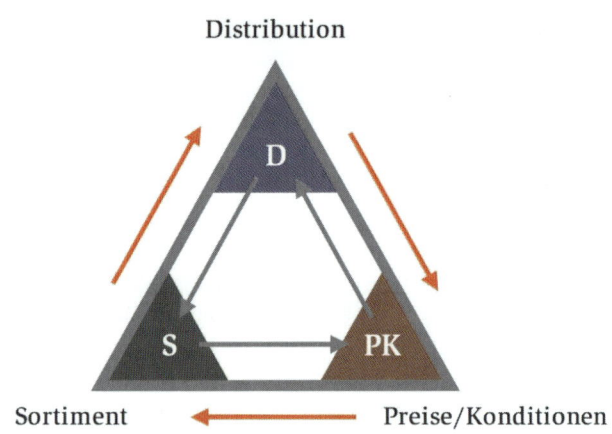

© Institut für Markentechnik Genf

Abb. 2

Distribution

Startet der Prozess etwa im Feld Distribution, ist folgendes Szenario zu beobachten:

Der Markenartikler vermutet die Lösung seiner Umsatzprobleme in der Distribution. Die angestammten Vertriebskanäle scheinen ihm ausgeschöpft und damit nicht weiter expansionsfähig; zumindest versprechen sie keinen schnellen Ausweg aus der Umsatzmisere, da der Absatz im markenfördernden Qualitätshandel nur sehr kleine, langsame Schritte zulässt.

24

In Märkten, in denen Fachhandel noch eine große Rolle spielt, hört man in diesem Zusammenhang regelmäßig den Unkenruf »Der Fachhandel ist tot«; und das sogar von Unternehmen, die noch immer über sechzig Prozent ihrer wertmäßigen Umsätze mit der Qualitätsdistribution machen.

Auf der Suche nach neuen Vertriebswegen, die zusätzliche Wachstumspotenziale bieten sollen, stößt das Unternehmen zumeist auf die euphemistisch »dynamische Vertriebsformen« genannten Absatzmöglichkeiten, zu denen insbesondere die Discounter gehören. Sie entwickeln sich in der Regel preisaggressiv, wobei diese Preisaggressivität von den meisten Herstellern mit Dynamik verwechselt wird. Diese Fehldeutung macht übrigens erst verständlich, dass die Industrie den Discountern über Sonderkonditionen und Preisvorteile ständig entgegengekommen ist und deren »Dynamik« finanziert hat.

Im Laufe der Zeit wird durch Marktbeobachtung sichtbar, dass die Bedeutung der diskontierenden Vertriebskanäle deutlich zugenommen hat. Und aus dieser gewachsenen Bedeutung leiten die Hersteller dann wiederum die Notwendigkeit ab, die Discounter als Absatzkanal noch stärker zu nutzen.

Den speziellen Ansprüchen von Markenartikeln, die der Förderung des Handels bedürfen, genügen die »dynamischen« Vertriebskanäle aber in der Regel nicht. Da die Discounter sich natürlich auch mit den erfolgreichen Marken schmücken wollen, bekunden sie dennoch höchstes Interesse, und in den ersten Gesprächen vermitteln sie zumeist den Eindruck, die vergleichsweise hohen Preise für Markenprodukte durchaus realisieren zu können. Und natürlich versichern sie, die Produkte gepflegt zu vermarkten und sich auch sonst generell ganz im Sinne wertgerechter Markenführung zu verhalten. Auf Grund dieser Beteuerungen und der Herstellermotivation zur Nutzung des neuen Kanals kommt es schließlich zum Abschluss.

Nach kurzer Zeit wird jedoch deutlich, dass der Discounter nicht wettbewerbsfähig ist, solange er die Marke zum üblichen Preis anbietet. Denn Discounter definieren sich, wie der Name schon sagt, ausschließlich über niedrigere Preise und stehen damit im Gegensatz zum Qualitätshändler, der nicht nur Produkte feilhält, sondern seinen Dienst am Kunden noch durch weitere Leistungen, einschließlich geschultem Personal, erbringt; was dem Kunden ja schließlich auch den Verkaufspreis verständlich macht.

Der Discounter versucht nun, seine zu geringen Umsätze zu stimulieren, indem er vom Hersteller fordert, sich doch auf einen Preisabstand zum übrigen Handel einzustellen. Auf Herstellerseite werden die Absichten abgewogen: Einerseits hat man eine schlüssige Preisposition im Markt, andererseits soll der neue Kanal ja die Umsatzstagnation des Unternehmens ausgleichen. Da die Umsatzanteile des Discounters nur mit einem Preisnachlass steigen werden, ringt man sich dazu durch, ihm einen »verträglichen« Preisabstand zuzubilligen. Dieser Abstand kann jedoch auf keinerlei kaufmännischer Grundlage errechnet werden, da jeder Preisnachlass dazu zwingt, die Basis kalkulierter Preise zu verlassen. Im Sinne der Kalkulation kann also ein solcher Preisabstand niemals »verträglich« sein.

Das Herstellerunternehmen rechtfertigt den Preisnachlass für den Discounter deshalb mit dem vermeintlichen Verständnis des Konsumenten für niedrigere Preise im Discounter-Umfeld. Man ist einfach davon überzeugt, dass der Konsument aus dem geringeren Preis keine negativen Rückschlüsse auf die Markenleistung zieht. Diese Auffassung hält allerdings den Erkenntnissen der Markentechnik nicht stand, denn in den Augen der Käuferschaft spiegelt sich der Wert eines Produktes in erster Linie im Preis wider. Geringerer Preis ist also gleichbedeutend mit geringerer Leistung.

Gern vermutet der Hersteller zudem, dass er über den Discount-Handel andere Käuferschichten erreicht als über den Qualitätshandel, sodass seine angestammte Klientel vom neuen Absatzkanal gar nicht berührt würde. Aber auch diese Annahme ist unzutreffend: Viele Kunden nutzen nämlich die markenfördernden Leistungen des Qualitätshandels, also Beratung und Information, um letztlich das gewünschte Markenprodukt beim Discounter zu kaufen. In beratungsintensiven Branchen nennt man das »Beratungsklau«.

Preise und Konditionen

Nun wollen wir als Nächstes beobachten, wie sich die Umsatzschleusen-Öffnung im strategischen Feld Distribution auf das Feld der Preise und Konditionen auswirkt. Es bedarf nur geringer Phantasie, um sich vorzustellen, dass die Erweiterung der Distribution um Discounter zwangsläufig eine allgemeine Preisreduzierung nach sich zieht.

Denn infolge des vom Hersteller eingeräumten Preisabstandes erhöhen sich die Absatzzahlen des Discounters beträchtlich, sodass seine Umsätze aggressiv steigen. Und mit seiner steigenden Umsatzbedeutung für die

Marke erinnert sich der Discounter seiner originären Geschäftslogik, die ausschließlich auf Masse und geringem Preis beruht. Dieser simplen Logik folgend bringt er den Kostenvorteil vollständig in sein Marktverhalten ein, indem er zum Beispiel intensiv mit dem geringen Preis wirbt. Die Präsentation ist von vornherein aufs Nötige reduziert, Beratung gibt es nicht. In der Konsequenz manifestiert sich dann der niedrige Preis als die angemessene Preisposition im Bewusstsein des Konsumenten. Sie wird vom Kostenvorteil des Discounters bestimmt.

Der Markenhersteller sieht sich nun mit Verhältnissen konfrontiert, die auf den Kopf gestellt sind: Die aus seiner leistungsbezogenen Kalkulation sich ergebende Preisposition wurde ursprünglich von ihm festgelegt und durch die kundenorientierten Leistungen des Qualitätshandels auch gestützt. Aber plötzlich ist ein Absatzkanal auf Grund seines Kostenvorteils in der Lage, diese ursprüngliche Preisposition zu drücken. Und dieser Kostenvorteil resultiert aus dem erklärten Verzicht auf qualitative Leistungen des Kanals. Für den Hersteller ergeben sich nun gleich drei gravierende Nachteile. Einmal wird seine Preisposition abgesenkt. Zum zweiten wird die Wertposition nicht mehr von ihm bestimmt. Und schließlich wird die Markenkraft vom Discounter geschwächt, weil er nichts für die Marke tut.

Hinzu kommt, dass sich der markenfördernde Qualitätshandel durch die neue Preisposition bedroht sieht. Denn der neue Preis im Markt ist nicht der, den auch er mit allen seinen Anstrengungen generiert hat, sondern vielmehr derjenige, den der Discounter vorgibt. Und dieser Preis sorgt dafür, dass der Qualitätshandel seine notwendige Leistungsmarge verliert.

Um wettbewerbsfähig zu bleiben, sieht er sich gezwungen, nun auch zum neuen Preis anzubieten. Seine markenfördernden Leistungen werden aber unter diesen Umständen nicht mehr vom Kunden bezahlt. Also muss der Qualitätshändler diesen Verlust ausgleichen und fordert entsprechende Konditionen beim Hersteller ein. Und er wird sie bekommen, da der Qualitätshandel nach wie vor die Substanz der Distribution ausmacht.

Um im Wettbewerb bestehen zu können, hält der Qualitätshandel es für notwendig, sich gegen den Discounter zur Wehr zu setzen, und steigt mit den neu eingeräumten Konditionen in den Preiskampf ein. »Wir lassen uns die Butter nicht vom Brot nehmen«, lautet der neue Schlachtruf. Für den Hersteller werden damit aus den bisherigen »gepflegten« Händlern Kampfgegner.

Durch die Preissenkungen des Qualitätshandels bricht nun ein Preiskampf zwischen allen Handelspartnern aus. Der Discounter bewegt zwar große Mengen, kommt aber mit zunehmender Preisgleichheit erneut in Umsatzschwierigkeiten, da sein Kostenvorteil ausgeglichen wurde. Nun benötigt er erneut einen spürbaren Preisabstand, den er jedoch nicht zu seinen eigenen Lasten wiederherstellen will. Und auf Grund seines inzwischen beträchtlichen Umsatzanteils ist der Discounter inzwischen auch in der Lage, gegenüber seinem »Lieferanten« kraftvoll aufzutreten und entsprechende Forderungen zu stellen. Also pocht er auf seinen Preisabstand und erhält neue Konditionen.

Die Preis- und Konditionenspirale dreht sich von nun an immer schneller und wird wechselseitig beschleunigt, denn auf irgendeiner Seite ergibt sich immer eine Schieflage. Der Hersteller findet sich nun in einem Hexenkessel wieder, weil er jedes Jahr aufs Neue Geld ausgeben muss, ohne verwertbare Gegenleistungen zu bekommen.

Durch den nun immer niedrigeren Fabrikabgabepreis wird natürlich unausweichlich die Ertragskraft des Markenherstellers geschwächt: Der Netto-Netto-Preis pro verkaufter Einheit geht zurück. Zunächst versucht er deshalb, die Ertragslücke durch größere Mengen wieder zu schließen. Dahinter steht die Überlegung, dass bei einem pro Einheit geringer werdenden Ertrag eben mehr Einheiten zusätzlich verkauft werden müssen, sodass unterm Strich der Gesamtertrag wieder gleich ist.

Aber auch das ist ein Trugschluss, denn die wirtschaftlichen Folgen selbst einer geringen Preisreduzierung können in den meisten Fällen nur durch eine enorme Erhöhung der Menge ausgeglichen werden – weshalb sich der immer schneller schwindende Ertrag über die Menge nicht dauerhaft ausgleichen lässt. Die Auswirkungen machen sich im strategischen Feld Sortiment bemerkbar.

Sortiment

Die ursprünglich zur Umsatzsteigerung ergriffene Maßnahme in der Distribution, nämlich die Ausweitung der Absatzlandschaft auf Discounter, hat eine generelle Reduzierung der Preise und damit einhergehend eine Stagnation oder sogar einen Rückgang des Umsatzes zur Folge. Jetzt meint der Hersteller, mit der Öffnung der Sortimentsschleuse die nächste Möglichkeit zu haben, neuen Umsatz zu generieren und damit die Deckungslücke zu schließen. Damit ist das dritte und letzte strategische Feld des Bermuda-Dreiecks erreicht, eben das Sortiment.

Im Unternehmen hat man sich längst darauf eingestellt, dass eine Preiserhöhung als normale kaufmännische Lösung des Problems nicht mehr durchsetzbar ist. Neue Distributionskanäle, Preisaktionen und erhöhte Mengen haben aber auch nicht die benötigte Geldmenge erwirtschaften können. Nun klammert man sich an die Vorstellung, dass eine höhere Anzahl von Produkten einen höheren Umsatz einfährt. Also werden neue Produkte entwickelt und auf den Markt gebracht. Man besinnt sich dabei auf die soeben hinzugewonnenen Handelskanäle, über die der Vertrieb organisiert werden kann. Das heißt, man glaubt, irgendwo schon einen Platz finden zu können für neue Sortimentsteile, und sei es dadurch, dass man einzelnen Großabnehmern Sonderprodukte und individuelle Artikelgrößen zur Verfügung stellt.

Je mehr Produkte aber auf den Markt gebracht werden, desto geringer fallen die anteiligen Beiträge aus und desto geringer ist der Umsatzzuwachs. Die Festlegung neuer Produkte und das Festhalten an der Neuproduktion wird deshalb immer großzügiger gehandhabt, da an jedem Produkt ja zumindest ein kleiner Umsatz hängt. Und solange ein Produkt mehr einbringt, als es kostet, wird es produziert und verkauft, da es doch immer eine Entlastung der Kalkulation und somit einen Beitrag zum Geschäft bedeutet – auch wenn nicht einmal mehr die Gemeinkosten abgedeckt sind.

Auf Grund dieser Produktinflation erhöht sich die Zahl der Flops, also jener Produkte, die sich nicht erwartungsgemäß verkaufen. Der Handel stöhnt, weil er der Flut der Produkte nicht mehr Herr wird, und erklärt das meiste für überflüssig. Die Hersteller müssen sich gefallen lassen, dass er ihren Neueinführungen in den allermeisten Fällen auch den Innovationscharakter abspricht und demzufolge auch die Konsumentennachfrage infrage stellt. Um die Verluste zu begrenzen, die sich aus der hohen Flop-Rate ergeben, werden die Produkte, die nicht zum erhofften Erfolg geführt haben, zu niedrigen Abverkaufspreisen an den Handel abgegeben, also erneut Nachlässe gewährt. Gleichzeitig verkürzen sich die Produktlaufzeiten, da die Flops ersetzt werden müssen. Und das bedeutet wiederum, dass sich die Ablösefrequenz stetig erhöht.

Diese hohe Ablösefrequenz sorgt nun ihrerseits für steigende Kosten in allen Unternehmensbereichen – in Entwicklung, Produktion, Marketing und Vertrieb – sowie für den Aufbau von Lagerbeständen. Je mehr Produkte abgelöst werden, desto mehr Restbestände laufen auf und desto schneller wächst der Lagerbestand. Die Folge sind immer höhere Kosten, die immer geringeren Erlösen gegenüberstehen.

Systemischer Charakter des Prozesses

Hier schließt sich nun die Lücke im Bermuda-Dreieck der Markenführung: Die unkontrollierte Ausweitung des Sortiments führt letztlich zum Aufbau großer Lagerbestände, und um diese Lagerbestände abzuverkaufen, werden völlig neue Kanäle gesucht. In der Regel reicht nun ein Hard-Discounter seine helfende Hand zur Lösung des aktuellen Problems. Über kurz oder lang allerdings wird aus dem »einmaligen« Abverkauf ein ganz selbstverständliches Geschäftsverhältnis. Der Hard-Discounter baut seinen Umsatzanteil immer weiter aus und bringt sich dadurch in die Position, Preisforderungen stellen zu können und damit die Preis- und Konditionenschraube noch weiter anzuziehen. Die Vorstellung, dass er ursprünglich nur ein Nothelfer war, verflüchtigt sich langsam, aber sicher. Denn diese Geschäftspartner werden von mancher Abteilung des Herstellers als gar nicht so übel empfunden: Zumindest einer von ihnen zeichne sich dadurch aus, dass er pünktlich bezahle und die vereinbarten Mengen tatsächlich abnehme; dass er keine erniedrigenden Vertreterbesuche oder aufwändige Jahresgespräche verlange; dass man sich mit ihm per Fax über ein ganzes Jahr verständigen und sich auf ihn verlassen könne, wenn – ja, wenn man seine Bedingungen akzeptiert.

Um den verhängnisvoll systemischen Charakter des Bermuda-Dreiecks zu begreifen, wollen wir uns alternativ zu dem eben beschriebenen Prozess einmal vorstellen, dass unser Hersteller, um Markenschwäche durch Umsatz zu kompensieren, nicht seine Distribution öffnet, sondern zuerst sein Sortiment erweitert. Würde dieser andere Ansatz zu einem anderen Ende führen? Nein. Denn der Handel würde ein immer größer werdendes Sortiment schließlich nicht mehr akzeptieren. Die Regale seien nicht aus Gummi, und man brauche auch Platz für die Wettbewerber. Das könnte zu zwei Reaktionen führen:

Entweder erkauft man sich die Plätze durch Konditionenzugeständnisse (»Regalerweiterungs-Rabatt«). Kaum hat der Händler dieses zusätzliche Geld, wirft er es in die Preisschlacht, verwendet es für Aktionen. Die daraus resultierende Attraktivität wiederum veranlasst andere Händler zu der Bitte, ebenfalls konditionell bedacht zu werden, selbst wenn man keine zusätzlichen Plätze für zusätzliche Artikel zur Verfügung stellen könne. Da es sich um Großabnehmer handelt, glaubt zumindest der Vertrieb, sich dieser »Bitte« nicht widersetzen zu können. Damit geht der Ertrag pro verkaufter Einheit auf der Herstellerseite zunehmend zurück.

Zwangsläufig fällt der Blick unseres Herstellers jetzt auf die Umsatzschleuse, die er bislang nicht öffnen wollte: Erweiterung der Distribution. Discounter stehen bereit, ihm beim Umsatz zu helfen. Sie versprechen, die Markenwerte zu respektieren, doch schließlich ist ihnen ihr Hemd näher als der Rock. Das Dreieck schließt sich über einer Marke, die eigentlich nur vorhatte, mit einer Sortimentserweiterung mehr Umsatz zu machen.

Oder man vermeidet die Öffnung der Distribution und erweitert auch nicht sein Sortiment, sondern versucht, durch absatzfördernde Aktionen mit den angestammten Handelspartnern mehr Umsatz zu machen. Da die Marke schwächelt, sind diese Aktionen nur als Niedrigpreisaktionen denkbar, was auf der Herstellerseite heißt: mit Mindererlös. Die Preis- und Konditionenzugeständnisse schlagen direkt auf das Ergebnis der Firma durch, die nun fehlende Umsätze beklagt.

Da die zusätzlichen Mengen mit der bisherigen Distribution und dem bisherigen Sortiment nicht zu generieren sind, bleiben wiederum zwei Möglichkeiten: Entweder bringt man neue Produkte als Zuwachsbringer in den Markt – Varieties, Line Extender, andere Packungsgrößen – und erweitert somit das Sortiment. Oder man baut drastisch die Distribution aus – in der Hoffnung, mit einem Schlag die Absatzmengen dermaßen zu steigern, dass die Umsätze selbst bei niedrigen Abgabepreisen steigen. Und wer wäre besser dafür geeignet als die »dynamischen« Vertriebsformen? So schließt sich das Bermuda-Dreieck am Ende auch hier.

Ein Management, das den verhängnisvollen Zusammenhang nicht durchschaut, wird diesen drei strategischen Felder der Markenführung niemals die gebührende Aufmerksamkeit zukommen lassen, sondern die allfälligen Entscheidungen gerne dem operativen Tagesgeschäft und Einzelpersonen überlassen, die glauben, einer Marke, die Schwächen zeigt, damit über die Runden helfen zu können. Auf diesem Wege wird jedoch immer mehr Geld und schließlich auch die Markenkraft, d.h. die Ertragskraft des Unternehmens, versenkt. Ob am Anfang der Einstieg in den Preiskampf, die gedankenlose Verbreiterung der Distribution oder die unstrukturierte Ausweitung des Sortiments steht, ist dabei irrelevant. Jeder dieser Punkte ergibt sich zwangsläufig aus den jeweils anderen Maßnahmen. Und der Ausgang ist stets gleich, denn am Ende steht immer die Gefährdung der Existenz des Unternehmens.

Indizien für den Verfall der Markenkraft

Mit Marken ist es wie im richtigen Leben: Der Verfall kommt schleichend. Schwächen werden oftmals zu spät erkannt. Aber anders als im richtigen Leben können Marken auch immer wieder erneuert werden. Doch um gegenzusteuern, muss man die Schwachpunkte einer Marke rechtzeitig diagnostizieren, und nach meiner Erfahrung lässt sich so etwas am besten am Tagesgeschäft festmachen.

Wenn sich der Marktanteil einer Marke bereits nachhaltig nach unten bewegt hat, ist es eigentlich schon zu spät. Denn allein die Verteidigung der bisherigen Position hat im Zweifel bereits so viel Geld gekostet, dass die Profitabilität dahin ist. Der jetzige Rangplatz wurde zumeist durch Promotions, durch Preisnachlässe und Sonderkonditionen gestützt; die Marke hat nur noch auf die Forderungen ihrer Abnehmer reagiert und ist zum Spielball des Marktes geworden. Damit ist ein finales Stadium erreicht, in dem Hausmittel kaum noch helfen.

Wie man Schwächen herbeiredet

Damit es erst gar nicht so weit kommt, braucht man zum wachen Auge verblüffenderweise ein offenes Ohr; denn die eventuell tödliche Infektion der Marke liest man nicht unbedingt im Zahlenwerk, und sie entsteht auch nicht in geheimnisvollen Marktkomplotten. Oftmals wird sie im wahrsten Sinne des Wortes herbeigeredet. Das geschieht nun aber nicht irgendwo, sondern vielmehr im eigenen Unternehmen. Und diese Killerphrasen sind überall zu vernehmen – in Meetings, Präsentationen, Brainstormings und der Vorbereitung auf Jahresgespräche. Machen Sie also die Ohren auf und achten Sie auf die zehn klassischen Verbalattacken auf die eigene Stellung. So etwa hört es sich an:

- »Ergebnisse, wie wir sie früher hatten, sind heute nicht mehr realisierbar.«
- »Der Markt sagt uns, was wir zu tun haben.«

- »Die Preissenkung bringt uns mehr Menge und damit mehr Umsatz und Gewinn.«
- »Unsere angestammten Vertriebskanäle sind nicht mehr expansionsfähig.«
- »Wir brauchen dynamische Vertriebsformen mit frischen Wachstumspotenzialen.«
- »Wir müssen neue Zielgruppen ansteuern.«
- »Die Discounter werden immer stärker. Wir können nicht gegen den Strom schwimmen.«
- »Unser Leistungsmaßstab sind Umsatz und Wachstum.«
- »Unsere Preise müssen sich an den Preispoints und Preisschwellen des Marktes orientieren.«
- »Unser Ziel ... 1 Milliarde!«

Was, so werden Sie jetzt vermutlich fragen, kann an einer derart kämpferischen Zieldefinition gefährlich sein? Eine Milliarde! Das klingt in der Tat verheißungsvoll, da spürt man doch förmlich die hoffnungsvolle, die viel versprechende Zukunft. Und ich antworte Ihnen darauf: Sie hören nichts weiter als diese Hoffnungen auf eine in Wahrheit trostlose Markenzukunft. Denn ein vernünftiges kaufmännisches Ziel kann und darf keine wie auch immer bemessene Umsatzerwartung sein. Die einzige für Markengesundheit entscheidende Größe heißt Ertragskraft.

Symptome nachlassender Markenkraft

Wenn die Lebenskräfte einer Marke nachzulassen beginnen, gibt es knapp zwei Dutzend typischer Symptome:

Allen voran: Der sinkende Erlös pro Einheit; d.h. der Durchschnittserlös, entwickelt sich zunächst unmerklich, später zügig nach unten.

Die Endverbraucherpreise für ein Markenprodukt divergieren zeitgleich im Handel um mehr als zehn Prozent.

Der Aktionsanteil am Gesamtumsatz liegt bereits bei über 35 Prozent oder steigt kontinuierlich.

Die Aktionskonditionen erreichen eine Größenordnung, die der Funktionsmarge einer ganzen Absatzebene entspricht (oder diese sogar übersteigt!).

Händler-Einkaufspreise liegen unterhalb der Konditionen, wie sie in der Firma dokumentiert sind.

Konditionsvereinbarungen sind mehrheitlich »Einzelschicksale« und haben jeden Bezug zu den für die Marke erbrachten Leistungen verloren.

Langjährige, der Marke verbundene Händler bekommen schlechtere Konditionen als Händler, die die Marke verramschen.

Die Vorbereitung auf die Jahresgespräche mit dem Handel hat verteidigenden Charakter (»lasst uns so wenig Zugeständnisse wie möglich machen«).

Der markentreue Handel führt noch das ganze Sortiment, die aggressiven Händler nehmen nur die Schnelldreher.

Die Anzahl der Artikel, die der Handel aktiv führt, geht zurück, obwohl das Sortiment inflationär zunimmt.

Die Qualität der Produktplatzierung im Handel nimmt ab.

Die Produkte tauchen in markenfeindlichen Kanälen auf (entweder über graue Kanäle oder verdeckt direkt vom Hersteller).

Zur vermeintlichen Verteidigung der Hauptmarke wird über eine Zweitmarke im Billigbereich nachgedacht; oder sie ist bereits eingeführt worden.

Das Unternehmen sucht auf jedes Konkurrenzangebot eine schnelle Antwort.

Die Renditen der neuen Produkte sind schlechter als die der angestammten.

Der Umsatzanteil neuer Produkte (= jünger als drei Jahre) übersteigt 20 Prozent.

Die steigende Anzahl schwacher (Rand-)Produkte führt zu immer kürzeren Produktzyklen.

Das Management hat das Gefühl, dem Preisverfall im Markt nachzulaufen.

Die Werbung ist agenturbestimmt und entfernt sich vom Produkt oder der massenseelisch verankerten Markenpositionierung.

Die Werbung passt sich kurzlebigen Gestaltungstrends an und könnte (nüchtern betrachtet) ebenso gut von der Konkurrenz stammen.

Das Unternehmen versucht, Käufer mit produktfremden Incentives, Gratismengen oder Glücksspielen zu gewinnen.

Die Marketing- und Werbestrategie ist auf neue Käufer ausgerichtet und vernachlässigt die bestehende Kundschaft.

Der Promotion-Anteil am Budget übersteigt den Anteil für Publikumswerbung.

Wenn mehrere der oben aufgeführten Symptome auf die Marke zutreffen, sind entschlossene Gegenmaßnahmen nötig. Denn je härter der Wettbewerb, desto weniger können sich Unternehmen eine Markenschwäche leisten. Sie müssen deshalb jedes Anzeichen einer Fehlentwicklung ernst nehmen, und zwar auch dann, wenn diese Entwicklung als branchenüblich angesehen wird. Unverzüglich eingeleitete, entschlossene Gegenmaßnahmen bieten in jedem Fall einen wirksameren strategischen Ansatz als umfängliche und zeitaufwändige Analysen und Planungen.

Meine Arbeit mit Markenunternehmen in Deutschland, Österreich und der Schweiz hat gezeigt, dass sich die Grundlagen für eine verbesserte Profitabilität aus direkten Maßnahmen im Tagesgeschäft entwickeln lassen. Der Spielraum zur Verbesserung der Situation ist bereits unterhalb einer totalen Strategieumkehr größer als erwartet, wenn man nur hinter jede Aktivität den eigenen Willen der Marke stellt. Umgekehrt gilt: Je weiter eine Strategie von der augenblicklichen schlimmen Situation abstrahiert, je weniger sie also mit den augenblicklichen Verhältnissen zu tun hat, desto geringer ist erfahrungsgemäß auch ihre Durchsetzungskraft im Unternehmen. Die eigenen Mitarbeiter legen sich dann Handlungsmodelle zurecht, wie ein Verkaufsleiter, der mir auf einer Tagung zurief:»Diese Woche muss ich mich erstmal um die Umsätze kümmern; nächste Woche bin ich dann ganz bei der Strategie.«

II   Die Marke

Zum Zustand der Marke:
Fünf Fragen geben Antwort

Von den widrigen Bedingungen, von der Brutalität der Verdrängungsmechanismen sind heute alle betroffen, Unternehmen in Europa wie in Asien und USA, Hersteller wie Händler. Selbst den besten unter ihnen, die von ihren Kunden als alternativlos und stark angesehen werden, stehen die gleichen Probleme ins Haus wie den schwachen. Und die Volkswirtschaften sehen fassungslos zu, wie einer ihrer Funktionsträger, das Markenwesen, ins Schleudern gerät. Die Gewerkschaft ver.di und das Ministerium für Verbraucherschutz, beide nicht im Verdacht stehend, Herstellerinteressen zu verfolgen, warnen inzwischen vor weiterem Preisverfall. Die einen, weil Unternehmen mit schwindenden Umsätzen Arbeitnehmer freisetzen; die anderen, weil sie inzwischen wissen, dass die Produzenten bei immer schlechteren Preisen jene Qualitäten nicht halten können, die im Interesse der Verbraucher unabdingbar sind.

In derart schwierigen Zeiten sucht auch der Markenartikler verstärkt nach Orientierung. Und wenn er sie nicht mehr bei sich selbst findet, schaut er sich im Markt um: Was machen die anderen, welchem Mainstream folgen sie? »Preise runter, Kosten runter, Preise noch mal runter, Kosten noch mal runter«, dieses Vorgehen erscheint ihm als einzige Lösung; sie ist die Geheimformel, nach der heute kollektiv gearbeitet wird. Und es gibt genügend Beratungsunternehmen, die sich nur zu gern bereit erklären, diesen Prozess zu systematisieren: Dem scheinbar unvermeidlichen Preisverfall werden organisierte Kostensenkungsprogramme entgegengesetzt. Was dabei leider übersehen wird: Das Geld aus Kostenreduzierungen ist am Markt schnell wieder ausgegeben; im Endstadium sogar schneller, als es überhaupt hereinkommt. Das mühsamst erwirtschaftete Geld kann im Unternehmen nicht mehr wirksam werden. Und obwohl jeder gut ausgebildete Manager wissen sollte, was passiert, wenn er immer weiter reduziert, scheinen dennoch alle überrascht, wenn eine Firma oder eine ganze Branche, die diesen Ratschlägen folgt, ins Bodenlose stürzt.

Da auf dem Weg nach unten das Ende der eigenen Handlungsfreiheit irgendwann für jeden kommt, sollte jeder Markenführer möglichst frühzeitig feststellen, wohin es mit seiner Marke geht. Deshalb habe ich im Folgenden fünf Fragen formuliert, die helfen können, den Ist-Zustand einer Marke zu hinterfragen. Diese fünf Fragen sind leicht und ohne großen Datenaufwand zu beantworten, und sie scheinen auf den ersten Blick so harmlos, dass die Verantwortlichen in Ihrem Unternehmen vor einer ehrlichen Beantwortung nicht zurückzuschrecken dürften. Aber der kleine Katalog hat es in sich, er ist echtes Dynamit. Denn wenn auch nur eine dieser Fragen für ihre Marke zustimmend beantwortet wird, ist höchste Gefahr für die Marke angesagt. Also gehen Sie mit dem Mut zur Wahrheit an die fünf Fragen heran – um Ihrer und Ihrer Marke willen!

Frage 1:

Wird bei Konzeptfindungen immer derselbe Händlername genannt, oder werden Angebote auf wenige Großabnehmer eingestellt?

Wenn die Verantwortlichen die voraussichtliche Meinung eines bestimmten Händlers bei der Konzeptfindung stets berücksichtigen, dann dominiert dieser Händler die Köpfe des Unternehmens. Sein Name steht generell bei jeder Konzeptdiskussion als Argument im Raum. In diesem Fall ist die Position des Händlers im Herstellerunternehmen bereits so stark, dass seine Interessen über denen des Unternehmens stehen und sich sogar ohne sein aktives Zutun durchsetzen. »Vorauseilenden Gehorsam« nennt man so etwas.

Wer die Angebotsstruktur des Unternehmens auf die Belange weniger Großabnehmer abstimmt, opfert das Firmeninteresse und begibt sich in Abhängigkeiten. Die Firma verfügt dann über keinen eigenen Willen mehr und wird bereits von diesen Großabnehmern geführt. Dann ist es auch nicht mehr weit, bis der Abnehmer der Ansicht ist, den Hersteller nur noch als Lieferanten, als reine Produktionsfunktion in seinem eigenen Absatzsystem, betrachten zu können.

Frage 2:

Wird in Ihrem Unternehmen mehr über die Wettbewerber als über die eigenen Markenleistungen gesprochen?

Wer stets die Performance der Wettbewerber im Auge hat, verliert die eigenen Markenleistungen aus dem Blick. Dann sind sie entweder gar nicht mehr bekannt, oder sie werden nicht (mehr) geschätzt. Wenn man aber nicht das Gefühl hat, mit der eigenen Marke eine überlegene Waffe in der Hand zu halten, dann kann man den Wettkampf nicht gewinnen. Nicht selten hört man in solchen Unternehmen hinter vorgehaltener Hand die Meinung, dass die Produkte des Wettbewerbers ohnehin die besseren seien. Nur – wie soll eine Marke unter solchen Bedingungen noch Druck auf den Markt ausüben können? Und gerade das muss sie unter den heutigen Bedingungen zu leisten im Stande sein. Eine Marke, die ihre wirtschaftlichen Ziele durchsetzen will, muss gestaltend und mit der Überzeugungskraft ihrer guten Leistungen in das Marktgeschehen eingreifen.

Frage 3:

Liegen mehr als zehn Prozent der Produkte unter Vollkalkulation?

Jedes Produkt, das nicht voll kalkuliert wird, schmälert den Ertrag des Unternehmens. Durch Irrtümer oder unerwartete Probleme ist es vielleicht möglich, dass zehn Prozent der Produkte unter der Vollkalkulation liegen. Wenn diese 10-Prozent-Grenze jedoch stets überschritten wird, gibt es womöglich keinen Durchsetzungswillen für die eigene Preispolitik: Es ist sogar denkbar, dass die Kalkulation entgegen jeder kaufmännischen Vernunft für eine variable Größe gehalten wird.

Frage 4:

Ist im Budget der Preisverfall des nächsten Jahres bereits eingeplant?

Wenn bereits im Budget festgeschrieben wird, welcher Preisverfall im kommenden Jahr erwartet wird, dann macht man die voraussichtlichen Handlungen des Wettbewerbs zur Grundlage der eigenen Planung. Und Sie dürfen sicher sein: Bei einem kalkulierten Preisverfall handelt es sich um eine der wenigen Stellen im Budget, die mit Sicherheit realisiert werden. Dann drehen die eigenen Mitarbeiter also per genehmigtem Budget und seiner Realisierung gerne an der Abwärtsspirale der Preise mit. Wer will es ihnen verdenken: Der Weg nach unten macht weniger Arbeit als der Weg nach oben.

Frage 5:

Werden Kostensenkungen direkt in Preissenkungen umgesetzt?

Ein Beispiel aus der Praxis: Eine Firma hatte in einem Niedriglohnland eine neue Fabrik gebaut, die im folgenden Jahr die Produktion aufnehmen sollte. Der Vertrieb erkundigte sich bereits in der Budgetphase nach den neuen Produktionskosten, um sie in seinen Kalkulationen für niedrigere Preise zu berücksichtigen. Auf diese Weise werden Einsparungen umgehend und wirkungslos im Markt vertan, statt damit die finanziellen Ressourcen des Unternehmens aufzustocken.

Um ein Kennedy-Wort auf unsere Anliegen umzumünzen: Fragen Sie nicht, was Sie Ihren Marken zumuten können, fragen Sie vielmehr, wie Sie sie stärken können. Die Marke stellt für ein Unternehmen einen – oft sogar seinen größten – Vermögenswert dar. Deshalb muss es das wichtigste Ziel eines Markenführers sein, diesen Vermögenswert messbar zu erhöhen.

Leider stelle ich im krassen Gegensatz dazu heute eine zunehmende Permissivität im Umgang mit den Marken fest: Es wird nicht mehr danach gefragt, was eine Marke stärkt, sondern was sie verträgt. Je nach Opportunität wird sie umpositioniert, zum Dach erklärt, oder es werden ihr artfremde Sortimente angehängt; sie wird Discountern ausgeliefert, zum Metoo-Produkt erklärt oder durch Preiskonzessionen in ihrer Wertigkeit beschädigt. Damit muss Schluss sein. Marken verdienen Achtung. Vor allem von der Markenführung.

Never be trendy –
Marke ist das Gegenteil von Trend

Die Natur zeigt uns, dass lebende Systeme sich kontinuierlich erneuern. Ein Baum zum Beispiel erneuert in jedem Frühling sein Erscheinungsbild mit neuen Zweigen und Blättern, und dennoch erscheint jede Baumart in jedem Frühjahr immer wieder in ihrer typischen Anmutung. Aber wie kommt es dazu? Tausende, vielleicht Millionen von Blättern – von denen kein einziges mit irgendeinem anderen vollkommen übereinstimmt – weisen die bekannte Anmutung auf. Kein Baum ist identisch mit einem anderen derselben Sorte, aber eine Eiche ist immer als Eiche erkennbar, eine Ulme als Ulme und so fort. Worin steckt das Geheimnis? Das Geheimnis steckt im genetischen Code, der die strukturellen Elemente der Art sichert. Und wenn wir auch nur ein einziges Eichenblatt sehen, so wissen wir sofort: Das stammt von einer Eiche. Wir können es eindeutig zuweisen. Denn eine Eiche ist und bleibt überall und Jahr für Jahr mit sich selbst ähnlich.

Selbstähnlichkeit bewahren

Diese Selbstähnlichkeit ist es auch, die eine Marke so unverwechselbar macht, dass es auch bei der kleinsten Berührung mit ihr keinen Irrtum gibt. Man sieht nur einen Teil der Anzeige und weiß doch sofort: Das ist Sixt; man sieht nur einen Anschnitt der Packung und erkennt Lucky Strike; die Finger umschließen den Füller und man fühlt – einen Montblanc. Man hört das Klacken eines Feuerzeugs und weiß – ein Zippo. Marke ist eben Differenzierung schlechthin, mit ihr muss man seinen ganz eigenen Weg gehen – ganz gleich, in welchem Zustand sich der Markt befindet oder was die anderen tun.

Jedes Unternehmen hat eine Geschichte und eine Zukunft. Aber allzu oft lässt sich das einzelne Unternehmen einreden, die eigene Geschichte und die Zukunftsperspektiven würden nicht zueinander passen, weil sich der Markt, weil sich die wirtschaftlichen und politischen Verhältnisse geändert hätten. Wer an dieser Stelle die eigene Geschichte und damit die eigene Identität ausradiert, lässt sich bald gleichmachen, wird austauschbar und gibt seine Zukunftsperspektiven auf. Der Markt hat sich immer geändert, aber die Marke muss sich treu bleiben und aus dieser Treue heraus mit den veränderten Umweltbedingungen auf ihre Weise fertig werden.

Das Unternehmen, das nicht groß war, glaubte, den eigenen Weg verlassen zu müssen. Durch Aufkaufen hängte es sich ein Gewicht an, das größer war als der Kern – und die ursprüngliche Identität geriet unter die Räder. Aber nicht Größensehnsucht ist der schlimmste Fluch. Der schlimmste heißt vielmehr Anpassung. Denn nichts ist für eine Marke gefährlicher, als mit den Wettbewerbern mitzuschwimmen. Wir müssen einfach verinnerlichen, dass Marke das Gegenteil von Trend ist.

Trends und ihre Folgen

»Besonders avancierte Kampagnen gehen bei der Abbildung des Imaginären soweit, dass sie auf die Produktabbildung und den Markennamen bewusst verzichten«, ließ sich Michael Schirner; Professor für Grafikdesign und Inhaber einer Werbeagentur, schon vor zehn Jahren vernehmen. ›Avanciert‹! Welcher Werbegestalter möchte nicht als avanciert gelten und mit seinen Produkten in die Cannes-Rolle kommen. Und so folgte, was folgen musste: »Der TV-Spot kommt ohne Auto aus«, lobte das Fachblatt Horizont eine Auto-Werbung; und w&v stellte fest: »Beim Wettbewerb um die besten Zeitungsanzeigen zeigt sich ein neuer Trend: Immer häufiger verzichten Unternehmen und Agenturen auf die Produktabbildung.« Entsprechend konsequent wurde dann eine Krombacher-Anzeige zur »Anzeige der Woche« gewählt, weil in ihr »alle störenden Elemente wie Produktabbildungen und Slogans konsequent ausgemerzt sind«.

Es scheint ein Traum nicht nur von Werbern, sondern auch von besonders avancierten Marketingmanagern zu sein, in ihren Schöpfungen ohne Produkte auskommen zu können. Selbst das Aussprechen des Markennamens in einem Fernsehspot wird als ein Zuviel an Werbung und störend empfunden. So zieht mancher Markenspot im Wohnzimmer vorbei wie ein unbeleuchtetes Schiff in dunkler Nacht.

Ein Apollinaris-Marketingvorstand schwärmte, dass schon bald Marken ohne Produkte entstehen würden: Sein mangelnder Sinn für die wirtschaftliche Realität und ihre ökonomischen Regeln hatte ihn da bereits dazu verleitet, ein »Fit for Fun« genanntes Erfrischungsgetränk einzuführen, dessen Besonderheit darin bestehen sollte, dass die Dosen ein wechselndes Aussehen trugen und auch der Inhalt den Käufer immer wieder überraschen sollte. Eine Marke dürfe sich heutzutage nicht mehr festlegen, hieß es dazu; der Wandel sei das einzig Beständige, klassische Positionierungen hätten ausgedient.

Solche Argumentationen verraten eine besondere Denkneigung der Trendies: Sie orientieren sich an ihrer eigenen Peer Group und an Minoritäten. Sie erklären deren abweichendes Verhalten flugs und ungeprüft zum zukunftsbeherrschenden Muster. Wie sollte man einem Wort wie »Trend« auch seinen Zukunfts- und Aufforderungsgehalt absprechen können?

Doch die durchschnittliche Lebensdauer der Trends unserer Zeit liegt nach einer Untersuchung der Unternehmensberatung BBE in Köln bei zehn Jahren, umfasst also nicht einmal eine Generation. Die meisten erweisen sich als kurzlebige Spiegelungen des »Zeitgeistes« – auch dies ein Begriff, dem sich naive Gehirne schnell untertan machen. Denn wer möchte schließlich nicht im Geist der Zeit handeln? Auch wenn es nur »der Herren eigener Geist ist«, wie einst Johann Wolfgang von Goethe witzelte.

Dass sich Trends auch noch eine eigene »Trendforschung« zugelegt haben, Kongresse und Seminare mit ihrem Segen versehen, baut das gesunde Misstrauen weiter ab und lässt jenen abgehobenen Glauben entstehen, der im Unternehmen und im Markt trotzdem keine Berge versetzt, jedenfalls nicht, wenn es um den wirtschaftlichen Erfolg geht.

Trendmeldungen setzen die Marken von außen unnötig unter Druck und führen zur Gleichschaltung; dies gilt für die Agentur-Trends zu produktfreier, schweigender Werbung und zu unlesbaren Schriften ebenso wie für die Management-Trends, bei denen einer den anderen ablöst, sobald sich abzeichnet, dass das Geschäft damit erschöpft ist und die negativen ökonomischen Auswirkungen in der Breite spürbar werden.

Wie viele leidvolle Erfahrungen, wie viele Verluste hat beispielsweise der Trend zur Zentralisierung eingebracht; ähnlich verhält es sich bei seinem ebenso begeistert aufgenommenen Gegenstück, dem Trend zur Dezentralisierung: Für beide standen begeisternde Schlagworte bereit: Kostenreduzierung durch Zentralisierung, mehr Verantwortung für die Front und Kundenorientierung durch Dezentralisierung – für jeden etwas dabei. Category Management nannte sich wohlklingend ein weiterer Trend, dessen Pferdefuß erst im Laufe der Vorstellung ersichtlich wird. A. C. Nielsen brachte dessen Auswirkungen auf die denkwürdige Formel »Vom Denken in Marken zum Denken in Sortimenten« – eine tödliche Perspektive für jeden ernsthaften Markenführer. Zumal wenn er realisieren muss, dass der Handelspartner, der ihn zum Category Captain ausersehen hat, im Gegenzug auch eine »angemessene« Berücksichtigung der händlereigenen Produkte erwartet.

Ihre Wertschätzung und rasche Ausbreitung verdanken viele dieser deformierenden Trends auch den Standardsystemen von Consulting Companies, deren Managementmuster branchen- und marktweit sogar in miteinander konkurrierenden Unternehmen Einzug fanden. Statt sich also von irgendwelchen Beratern irgendwelche Trends oktroyieren zu lassen, muss das Management der Hersteller wieder kritischer werden und (so schwer es unter dem Druck der Informationsflut auch fällt) wieder nach unternehmens-individuellen Lösungen suchen. Wie gesagt, Marke ist das Gegenteil von Trend, und die ständige Anpassung an kurze Ausschläge des Wissens und der Moden ist keine zuverlässige Methode, um eine Marke weiterzuentwickeln und ihre Ertragskraft im harten Wettbewerb zu sichern.

Natürlich kann in einem Trend auch die Chance zu einer markenstärkenden Evolution stecken, vielleicht sogar eine substanzielle Idee, die geeignet ist, auf lange Sicht Umwälzungen von erheblicher wirtschaftlicher Bedeutung einzuleiten. Trends sind sorgfältig darauf abzuklopfen, ob ihre Implantation dem System schaden wird, oder wie sie positivenfalls innerhalb der eigenen Unternehmenskultur zu verarbeiten und in eine unternehmensspezifische Strategie einzubetten wären.

Ein anschauliches Beispiel lieferten BMW und Mercedes-Benz mit der Einverleibung der Elektronik. Als abzuschätzen war, dass ein Auto mit Elektronik größere Zukunftschancen hätte, wurde diese neue generische Komponente in die Autos integriert. Dies geschah aber bei BMW in einer der Marke adäquaten Form: Für den Fahrer gut sichtbar in Gestalt von noch mehr Tasten und Leuchtzeichen und schließlich mit dem Monitor für alle Funktionen im neuen Siebener. Die unspezifische, für alle Automobilhersteller verfügbare Komponente Elektronik wurde also der für die BMW-Positionierung typischen Gestalt ›Flugzeug-Cockpit statt Armaturenbrett‹ anverwandelt. Anders verhielt es sich bei Mercedes-Benz. Auch diese Marke erkannte die Elektronik als Chance zur Evolution. Aber entsprechend ihrem Markenmuster ›Komfort‹ wurde die Elektronik nahezu unsichtbar integriert. Die neue S-Klasse verdankt diesem Muster sogar eine unsichtbare, berührungsfreie Fahrertür-Entriegelung.

Marken sind Sender

Markenarbeit ist jahrelange harte Tagesarbeit nach wohldefinierten Grundsätzen. Sie hat sich nicht an Trends zu orientieren, die über alle Branchen hinweg zum allgemeinen Gebrauch bar jeder wirtschaftlichen und markentechnischen Verantwortung angeboten werden, sondern an den Gesetzmäßigkeiten des jeweils einmaligen Markensystems. Denn starke Marken handeln selbstbestimmt; sie sind nicht Empfänger, sondern Sender. Und sie senden auf ihrer ureigenen, spezifischen Frequenz.

Der Kraftkern einer Marke strahlt eine Energie aus, die oft über Jahrzehnte in der Kundschaft einer Marke aufgeladen worden ist. Diese Energie steht dem Markeninhaber heute kostenfrei zur Verfügung. Sie stellt die Wettbewerbskraft und das Markenkapital dar. Nutzen allerdings lässt sie sich nur, wenn die Rückkoppelung zwischen den Kunden und ihrer Marke hergestellt und konsequent aufrechterhalten wird.

Um diese Forderung besser zu verstehen, stelle man sich seine Kundschaft wie einen Akku vor: Die Kunden sind die Zellen; je mehr Zellen, desto mehr Ladekapazität. Alle Mittel, die das Unternehmen markenorientiert einsetzt, dienen dem weiteren Aufladen der bereits aktivierten Zellen, also der bereits bestehenden Kundschaft. Die aufgeladene Energie wird dann beim Kaufakt für das Unternehmen wirksam. Sie wirkt im Kunden, indem sie seine Kaufentscheidung beeinflusst. Und sie wird dabei nicht entladen – im Unterschied zum Akku, dessen Energie man nicht nutzen kann, ohne dass er Energie verliert. Im Gegenteil: Mit jedem wiederholten Kaufakt beweist die Marke ihre Anziehungskraft aufs Neue; sie bestätigt den Käufer (hoffentlich) in seiner Entscheidung und stärkt sich in seiner Seele.

Das Bild vom Akku kann den Markenführer noch eines lehren: Die Aufladung darf immer nur per Gleichstrom erfolgen und muss dabei das gegebene Plus-Minus-Profil strikt beachten; selbst eine einmalige kurze Verpolung lässt sofort die Funken sprühen, was nichts anderes signalisiert als Entladung. Das Schlimmste aber, was man seinem Akku antun kann, ist Wechselstrom: Daran geht er schon nach kurzer Zeit kaputt. Was die Gurus unter Trendorientierung verstehen und seinerzeit als »Fraktale Markenführung« anpriesen, ist aber genau dies: Wechselstrom – und damit die bewusste, zumindest aber leichtsinnige Vernichtung von Energie.

Die Zeichen der Marke sind Speicherplätze der Markenenergie

Zu den Speicherplätzen der Markenenergie gehören die Zeichen der Marke. Sie stellen ein Arbeitsfeld dar, in dem – wie überhaupt beim Umgang mit Symbolen – besondere Vorsicht geboten ist. Beratungserfahrungen haben mir gezeigt, wie leicht auf diesem Gebiet die natürliche menschliche Freude an der Veränderung greift und wie gefährlich das für eine Marke werden kann. Darum zum Abschluss der Warnungen vor Trendgläubigkeit ein paar Hinweise in dieser Sache.

Wenn eine Marke schwächer wird, fängt das Basteln an den Zeichen an. Logo, Name, Farben – da soll Frische hineinkommen! Man spürt ein Unbehagen und will es auf diese Weise kompensieren. Als wenn das Zeichen eine Sache wäre, mit der man wirtschaftliche Fehler ausgleichen kann. Bei Coca-Cola war es die »young dynamic line«, die geschwungene weiße Linie, die sich Coca-Cola von einem Designer durch das Logo ziehen ließ, um die Marke zu modernisieren. Hunderte von Millionen hat es gekostet, diese Idee bis in die letzte Leuchtwerbung weltweit zu realisieren. Heute weiß Atlanta, dass es ein Fehler war. Die Linie musste wieder weg. Was allerdings noch mal unglaublich viel Geld gekostet hat.

Wer so etwas macht, arbeitet nie am Kern des Problems. Der hat das Gefühl und die Vorstellung, dass der Markt schuld ist und dass man ihm per Zeichenänderung eine neue Dynamik zeigen muss. Das ist die geläufige Meinung, die hinter solchen Eingriffen steht. Es ist aber ein unreflektierter Vorsatz, dessen Schwäche leicht zu durchschauen ist. Ein Zeichen kann seinem Bedeutungsgehalt nach immer nur so modern sein wie die Produkte und Leistungen, die es bezeichnet.

Sie können eine ganz alte Krone als Markenzeichen haben. Wenn Sie die Produkte modernisieren, dann werden Sie damit auch den Symbolgehalt der Krone modernisieren, ohne sie in ihrer sinnlichen Erscheinung verändern zu müssen. Warum ist der Eingriff in das Zeichenmaterial nicht notwendig? Weil es die Leistungserfahrung der Konsumenten ist, die das Zeichen richtig einordnet bzw. mit den Werten auflädt, die durch die Erfahrung des Bezeichneten beglaubigt werden.

Das gilt auch für den geläufigsten Fall der Zeichen: die Namen. Natürlich gibt es Namen, die auch früher schon wenig attraktiv waren. Möglicherweise sind es Namen aus den fünfziger Jahren, die mit dem Charme dieser Jahre gemacht wurden. Eher schlicht also, mit dem Vorsatz entstanden:

»Ich mache das selber.« In solchen Fällen können Verbesserungen die Produktidee sprachlich nach vorne bringen, d.h. die Leistungserfahrungen in der Alltagssprache der Kundschaft griffiger verankern. Aber warum musste man die englische Post Royal Mail in Consignia umbenennen, die Swissair in SAirGroup? Beide Namensentscheidungen wurden wieder rückgängig gemacht –und dies mit gewaltigem Aufwand. Wie viel besser (und kostengünstiger) hat es die Deutsche Post gemacht: Sie hat die gelbe Farbe, das Posthorn und ihren Namen beibehalten und erfolgreich alles darangesetzt, diese vertrauten Zeichen mit modernen Leistungsinhalten zu füllen.

Mir geht es hier vor allem um die Bewahrung der gelungenen Zeichen, die durch gut gemeinte Aktionen, durch Verschlimmbesserungen Schaden erleiden. Wenn ihnen jemand sagt, dass ein bestimmtes Zeichen zu alt oder zu traditionell wirkt, empfehle ich Ihnen, die folgende Killer-Rückfrage zu stellen: »Wie empfinden Sie denn das heutige Coca-Cola-Zeichen?« Und wenn jemand »alt«antwortet, dann fragen Sie sich, ob das schlecht ist, oder ob sich hinter dem Wort »alt« viele gute Vorstellungen verbergen.

Der Markentechniker – und das gehört zu den wesentlichen Erkenntnissen, die ich Ihnen vermitteln möchte – weiß, dass das Zeichen der Marke einer ihrer Kristallisationspunkte ist. Wir nennen es den »Speicherplatz der Markenenergie«. Es markiert den Platz im Gedächtnis, unter dem sich alle Erfahrungen sammeln, die ein Konsument im Lauf der Zeit über eine Marke erworben hat. Wenn Sie die Kennzeichnung dieses Speicherplatzes verändern, wird es wie beim Computer schwer, das Dokument wiederzufinden und zu öffnen. Bei Operationen an Speicherplätzen sollten Sie also vorsichtig sein, nicht zuletzt deshalb, weil der Eingriff Geld kostet.

Die meisten Markenzeichen – ich spreche jetzt von den guten, die sich über die Zeiten etabliert haben – sind in einer Zeit entstanden, in der der Kommunikationswettbewerb noch nicht so groß war. Es ist heute viel schwieriger, ein Zeichen in der Überfülle der Angebote gut zu platzieren und so durchzusetzen, dass jeder es kennt. Bedenken Sie nur, wie viele Zeichen pro Tag von Ihnen Aufmerksamkeit erheischen!

Fast möchte ich sagen, dass für Marken die Veränderung von Zeichen verboten ist. Das bedeutet freilich, dass evolutive Verfeinerungen nicht ausgeschlossen sind – wenn man dabei nur die Vorsicht walten lässt, die beim Umgang mit vertrauten Einstellungen von Blick und Lektüre immer geboten ist.

Achten Sie schließlich insbesondere darauf, niemals ihr Markenzeichen einer Geschmacksdiskussion auszusetzen. Mit diesem Wunsch wird man Ihnen häufig kommen. Da können Sie ganz gelassen bleiben und all die schönen Einfälle ruhig zurückweisen, denn der Geschmack ist bekanntlich etwas sehr Wandelbares. Die Mode macht den Rock mal kürzer, dann aber auch wieder länger, und schließlich gibt es kurze und lange gleichzeitig. Seien Sie also auf der Hut, wenn Ihnen jemand eine »Verjüngung« des Markennamens aufschwatzen will. Solche Kuren rechnen sich wirtschaftlich niemals. Der Markentechniker weiß, wie viel Geld und Zeit es gekostet und gebraucht hat, im Bewusstsein der Kundschaft die Zeichen der Wiedererkennung zu platzieren, und er weiß auch, was es kostet, demolierte Zeichen zu reparieren. Nicht ohne Grund dränge ich Unternehmen dazu, in das Regelwerk ihrer Marke einen Passus aufzunehmen, der lautet: »Es ist nicht gestattet, Marktforschung – betreffend den Markennamen oder die Zeichen der Marke – durchzuführen oder Designstudien zu ihrer Veränderung zu veranlassen. Dieses Recht obliegt allein dem Markeninhaber.«

Von der gefährlichen Attraktivität der Novitäten

Als Caesar im Gallischen Krieg einen Widersacher charakterisieren will, bezeichnet er ihn als »novarum rerum cupidus«: Der Mann ist für ihn schlicht neuerungssüchtig. Punktum. Mehr braucht es nicht, den Kerl zu desavouieren. Und von Walter Benjamin möchte ich noch das Wort vom »Gift der Sensation« nachlegen, um klipp und klar zu machen, um was es hier geht: Um den Wahn nämlich, sein Heil in immer Neuem zu suchen. Unsere Gesellschaft ist zwar darauf trainiert, neu mit aufregend zu assoziieren und mit Hoffnung zu belegen, so wie beim Neuen Menschen (der der bessere sein wird); doch für einen Markentechniker ist neu ganz und gar nicht so positiv belegt. Marke braucht Erfahrung; sie kann vielleicht jugendlich sein, frisch, aber das alles überragende Prinzip der Marke ist die Wiederholung des Vertrauten bei gewohnter Qualität und das über lange Zeit.

Trotzdem müssen viele Marken darunter leiden, dass in ihrer Führung das Gift der Sensation, die Sucht nach dem Neuen steckt. Aber über der Attraktivität des Neuen wird das Bestehende zumeist vernachlässigt: Ob es um Produkte geht, um Vertriebskanäle oder um Kunden – sobald etwas Neues zum Thema im Unternehmen wird, befassen sich alle Mitarbeiter nur noch damit und vernachlässigen die bewährten Bestandteile des Unternehmens.

Da Neues aber per se stets nur einen kleinen Teil des Gesamtumsatzes ausmachen kann, arbeitet das ganze Unternehmen damit zwangsläufig an der »Peripherie« des Umsatzes. Dessen Zentrum aber, eben das angestammte Hauptgeschäft, von dem das Unternehmen lebt, verwaist zunehmend. Aber es ist ja nicht nur das Sortiment, wo die Novitätensucht ihre Blüten treibt. Die Auswirkungen der Fokussierung auf das Neue zeigen sich auch auf anderen Handlungsfeldern.

Hat man beispielsweise neue »dynamische« Vertriebskanäle an sein Markensystem angeschlossen, passiert das, was man erwartet hat: Da ist »richtig was los«. Die Umsätze stimmen: Mit einer einzigen Verabredung lassen sich Mengen bewegen, die man nicht für möglich gehalten hat. Wer im

Unternehmen diese Tür geöffnet hat und mit diesen Mittlern »dealt«, der gilt als der neue Held und bekommt sein Budget. Wer dagegen noch immer für die Zusammenarbeit mit der »traditionellen« Distribution tätig ist, dem scheint der Blick für die Zukunft zu fehlen. Selbst wenn das ganze Haus von dieser Distribution lebt.

Neue Zielgruppen

Neuerungssucht schwingt auch in dem Versprechen mit, neue Zielgruppen für die Marke zu erschließen, vorzugsweise die Jugendlichen, selbst wenn sie für viele Produkte überhaupt erst im Erwachsenenalter als Konsumenten infrage kommen. Unversehens wird die Werbung auf Jugend getrimmt. Man hält es für notwendig, diese neue Zielgruppe wegen ihrer Dynamik und ihres potenziellen Avantgarde-Status für die Marke zu gewinnen, ganz gleich, ob das zur Marke passt oder ihr jemals adäquate Geldmengen zuführen wird. Die Händlermarke C&A wäre fast zu Grunde gegangen an ihrem Jugendwahn. Und erst ein geborener Brenninkmeyer hat schließlich das Ruder herumgeworfen und »die preisbewusste Familie mit Kindern« wieder in ihre Rechte als Zielgruppe des Unternehmens eingesetzt.

Das Standardargument, mit dem man die Marke urplötzlich auf eine junge Stilistik umstellt, ist stets das gleiche: »Wir werden zu alt. Uns fehlen die jungen Käufer.« Der Schreckensruf findet schnell Widerhall. Denn allein, weil die Marke hundert Jahre alt ist, glaubt man auch, sie sei zu alt für junge Leute. Wie primitiv und unzutreffend diese Schlussfolgerung ist, erklärt sich leicht mit dem Hinweis, dass die beliebteste Getränkemarke der Jugend über hundert Jahre alt ist (Coca-Cola), ihre beliebtesten Jeans bald hundertfünfzig Jahre (Levi's) und die meistgekaufte Hautpflege-Marke (Nivea) bereits neunzig Jahre auf dem Buckel hat.

Der Neue Markt ist schließlich ein ganz aktuelles Beispiel für die ausufernden Aktivitäten bezüglich des attraktiven Neuen: Dieser Markt wurde innerhalb kürzester Zeit zum neuen Maßstab, während der alte Markt für tot erklärt wurde. Und mit dem alten Markt hat man auch gleich jahrhundertealte kaufmännische Werte aus den Köpfen verdrängt. Jedem ist bekannt, welchen Ausgang diese Entwicklung genommen hat.

Der Umgang mit dem Neuen

Ich möchte hier jedoch nicht missverstanden werden: Ich bin durchaus kein Verfechter eines sturen Konservatismus, der jeden Blick nach rechts oder links oder nach vorne scheut, aus Angst, etwas Neues zu sehen. Im Gegenteil: Selbstverständlich muss eine Marke auch evolutiv sein und stets neue Impulse aussenden. Diese neuen Impulse sollten aber einen definierten Platz in der Strategie einnehmen, und es sollte sichergestellt sein, dass die Substanz, das Hauptgeschäft des Unternehmens, nach wie vor im Mittelpunkt aller Anstrengungen und im Zentrum der Ressourcenzuteilung steht.

Alles Neue darf nur in dem Maße integriert werden, in dem es die Substanz des Geschäfts vergrößert. Jeder Förderung neuer Produkte, neuer Vertriebskanäle oder neuer Zielgruppen sollte stets die Frage nach dem substanziellen Nutzen für das Gesamtunternehmen vorausgehen. Denn diese unerlässliche Frage schützt das Unternehmen vor der oft fatalen Anziehungskraft des Neuen.

Meine Empfehlungen im Umgang mit dem Neuen möchte ich in folgende Regeln fassen. Sie betreffen aus guten Gründen vor allem das Sortiment:

- Man bemühe sich um eine wirkliche Neuheit und suche sie am besten dort, wo sich alle einig sind, dass etwas nicht geht.
- Man starre nicht auf die Erstkäufer, auf die bloß Neugierigen und die Trendsurfer, sondern beobachte die 80 Prozent Masse, ob sie an irgendeiner Stelle reagiert und sich gewöhnt.
- Man erkläre eine Neuheit nicht sofort zum Erfolg; schon gar nicht, wenn sie vom Wettbewerber kommt. Denn über dessen Wirtschaftlichkeit ist man nicht hinreichend informiert.
- Man sorge dafür, dass ungefähr 80 Prozent des Geschäftes mit gut eingefahrenen Produkten (= älter als drei Jahre) gemacht wird; diese gilt es aktuell zu halten.
- Man prüfe erst einmal, ob man mit bestehenden Produkten bei einiger Anstrengung nicht noch mehr Geschäft machen könnte.
- Man bestimme von vornherein, wie sich ein neu eingeführtes Produkt rechnen soll, und begleite es mit aller Kraft so lange, bis es im Markt voll etabliert ist.
- Man koppele sich rechtzeitig ab, wenn der Innovationszyklus in der Branche sich zu verselbstständigen beginnt.

Und wenn man mit einer Innovation auf den Markt geht, dann sollte die ganze Firma geschlossen dahinterstehen. An den erfolglosen Innovationen der letzten Jahrzehnte fällt auf, dass schon der eigene Außendienst nicht an sie glaubte. So etwas spüren nicht nur Einkäufer, Marktleiter und Verkäuferinnen. Auch das Publikum hat ein ganz eigenes Organ dafür, wenn jemand bedingungslos für seine Idee eintritt.

Im Kopf der Konsumenten steht Marke (noch) für Qualität

Marken werden gerne auch als »Persönlichkeiten« bezeichnet. Ihre Ausstrahlung ist nämlich nicht leicht zu beschreiben und nicht eindeutig fassbar. Die Persönlichkeit einer Marke wirkt einfach als Kraft, sie beeindruckt, sie bindet. Der Markentechniker nennt es »Gestaltkraft«, d.h. die Anziehungskraft durch eine Komposition stimmiger sinnlich wahrnehmbarer Elemente. Ihr größter Vorteil besteht darin, immer einmalig zu sein.

Doch bei aller Einmaligkeit einer Marke gibt es auch einiges, was alle Marken im Bewusstsein der Konsumenten mehr oder weniger gemeinsam haben. Zahllose Untersuchungen wurden diesem Thema gewidmet, und das aus gutem Grund. Denn die verehrte Kundschaft entscheidet schließlich über das Wohl und Wehe der Marke, sie bringt als einziger Teil des Wertschöpfungssystems Markenprodukt das Geld in die Kasse der Hersteller und Absatzmittler, und sie ist sich ihrer Stellung als »König Kunde« auch durchaus bewusst.

Fragt man die Könige nun nach dem Qualifikationsmerkmal eines Markenartikels, ist die Antwort recht stereotyp: Ein Markenartikel ist ein Qualitätsgarant. Und fragt man nach dem grundsätzlichen Nutzen, ist die Antwort praktisch identisch: Der Markenartikel gestaltet den Einkauf sorgenfrei, denn »da weiß man, was man hat ...« Qualität eben.

Vertrauen bilden

Aber ein Markenprodukt ist im Kopf des Kunden nicht einfach ein wie auch immer benanntes, wie auch immer beworbenes Produkt. Das Markenprodukt benötigt, um ökonomisch richtig zu funktionieren, das Vertrauen der Kunden. Und das muss es sich zumeist über einen längeren Zeitraum erworben haben. Marke verdient Vertrauen, aber sie muss sich dieses Vertrauen eben zuerst verdienen. Wie im richtigen Leben ist es aber auch im Markt nicht immer und ausschließlich die persönliche (gute) Erfahrung, die das Vertrauen in ein Markenprodukt bewirkt; die Empfehlung durch eine »Vertrauensperson« ist bei der Annäherung an ein Produkt oft wirksamer als eine wie auch immer geartete, weil für den Konsumenten zunächst nicht überprüfbare Werbung.

Diese Empfehlung kann ein Fachverkäufer aussprechen, ein als Kenner qualifizierter Verwandter oder Bekannter; es kann eine Produktbesprechung in einer Zeitung, ein Test in einer Zeitschrift oder auch das Sichtbarwerden eines Produktes oder einer Marke in einem Umfeld mit hoher sozialer Akzeptanz sein. Eine entsprechend wertige Unterfütterung durch Werbeauftritte ist dann dem Produkt auf dem Weg zum Markenartikel im Bewusstsein des Erstverwenders zusätzlich sehr dienlich.

Buhlen in einem Markt ähnliche Produkte um dieses Vertrauen, ist es natürlich hilfreich, das Besondere des eigenen Produktes, seinen einzigartigen Produktvorteil, zu kommunizieren. Aber der macht bestenfalls neugierig, er allein wird dem Produkt nicht zu sofortiger Markenanerkennung verhelfen.

Das gelingt schon eher über die Absenderqualifikation. »Tradiertes Renommee« eines Herstellers kann auch ein neues Produkt mit einem Vertrauensbonus ausstatten. Das verblüffendste Beispiel lieferte eine Befragung zum Vertrauensvorschuss, den Konsumenten anderen als den bisher unter einer Marke vertrauten Produkten entgegenbringen. Zwar scheinen die Toleranzgrenzen in dieser Hinsicht für die verschiedenen Marken unterschiedlich groß zu sein, aber immerhin konzedierte man in besagter Untersuchung zum Beispiel der Marke Nivea, dass man auch einem Scheuermittel von Nivea Vertrauen entgegenbrächte, »weil es von Nivea« ist. Trotzdem empfände man es als »seltsam«, ein Nivea-Scheuermittel angeboten zu bekommen.

Klassische Fehler (und Tugenden)

Und damit seien alle Line-Extender-Fans gewarnt: Es gibt beim Verbraucher, allem Wohlwollen zur Marke zum Trotz, eben doch ein recht vernünftiges Gefühl dafür, wo ihre Qualifikation für Produkte endet. Wird diese Grenze überschritten, empfinden die Verbraucher ein diffuses Unbehagen bis hin zum Bruch der bis dahin weitgehend unreflektierten Sympathiezuwendung. Im O-Ton: »Zuerst glaubt man das nicht, es stört einen irgendwie.« Man darf König Kunde eben nicht zu viel zumuten. Und gesundes Markenwachstum erfolgt ohnehin nicht durch Ausdehnung, sondern ausschließlich durch Anziehung.

Ein anderer wichtiger Punkt, an dem der Verbraucher dem Markenprodukt wenig Spielraum lässt, ist das seriöse Verhältnis von Qualität und Preis – man will keine Mond-, aber eben ausdrücklich auch keine Schleuderpreise. Da wundert es nicht, dass zu den Erkennungsmerkmalen des Markenprodukts auch gesagt wird: »Für Markenprodukte wird geworben, aber nicht mit ständig wechselndem Preis.«

Das schon angesprochene soziale »Sichtbarwerden« eines Markenartikels kann im Bereich von Prestigeprodukten ganz ungewöhnliche Affinitäten zur Marke generieren. Typische Beispiele dafür sind Markentextilien, Sportschuhe u.Ä., wobei das nicht nur die »Generation Golf« und ihre Kinder betrifft, sondern sich auch an den Kreuzfahrteliten zwischen Burberrys und Chanel-Kostümen, Hermès-Tüchern und Louis-Vuitton-Tabernakeln beobachten lässt; Automarken gehören ebenso hierher wie Alkoholika (auf der Party, an der Bar etc.) oder Schmuck, solange es erkennbare Marken à la Cartier sind. Und natürlich Uhren, von der Rolex bis zur Swarovski-Swatch.

Doch das Spezifikum Nummer 1 des Markenprodukts, das einmalige Qualitätsversprechen nämlich, wird leider auch von gestandenen Markenführern immer häufiger ad absurdum geführt – weil sie hoffen und glauben, dass sie damit unerkannt durchkommen und es ungestraft möglich sei, ein kesses Zusatzgeschäft auf dem Rücken der zahlenden Kundschaft durchziehen zu können.

Vermutlich ist es der alte Irrglaube, dass sich die angestammte Kundschaft aus dem Fachhandel gar nicht bei Discountern und anderen Hardsellern finden würde und dass die traditionellen Handelspartner es ohnehin nicht merken, wenn man größere Tranchen an ihren Kassen vorbeischmuggelt; und so gehen auch scheinbar seriöse Marken den schiefen Weg zum schnellen Geld.

Regelrecht veralbert müssen sich Verbraucher vorkommen, wenn sie, wie am 12. Mai 2002, aus der »Bild am Sonntag« erfahren, was alle Insider schon immer von der Konkurrenz gemunkelt hatten, was aber in dieser Deutlichkeit einer breiten Öffentlichkeit bis dato verborgen geblieben war: Allen voran die No-Names bei Aldi, aber auch die »Hausmarken« von Edeka, Marktkauf, Penny & Co. werden nicht etwa von irgendwelchen namenlosen Klitschen hergestellt; sie werden vielmehr von renommierten Markenartiklern auf ihren Produktionslinien gefahren und anschließend lediglich so etikettiert, dass die hoch verehrte Stammkundschaft von allem nichts ahnt und brav weiterhin bis zu 40 Prozent mehr für eine Marke bezahlt, statt bei einer Handelsmarke zu sparen. In Österreich ist es sogar vorgekommen, dass eine Handelskette selbst ihre Lieferanten geoutet hat: Die SPAR informierte in Fernsehspots, dass ihre Spar-Schokolade aus dem Hause Suchard und ihr Spar-Orangensaft vom angesehenen Saftproduzenten Rauch kommt. Die Wucht solcher entlarvenden Informationen in der Öffentlichkeit ist so groß, dass irgendwelche differenzierenden Erklärungen der Produzenten, es handele sich nicht um identische Rezepturen oder Produkte, nicht mehr verfangen.

Natürlich ist es gut für Aldi und die anderen Discounter, dass ihre günstigen No-Names so hochwertige Hersteller haben, aber das Kernvertrauen in die Preiswürdigkeit von Markenartikeln lässt sich kaum schwerer erschüttern als mit solchen Verfahrensweisen. Wer die Gesamtheit der Markenwelt derart beschädigt, wer die Konsumenten so hinters Licht führt, wer so leichtfertig die eigenen Vermögenswerte aufs Spiel setzt, dem gehört der Markenführerschein entzogen – lebenslang.

III   Das Sortiment

Die starken Produkte nach vorne

Das Sortiment ist von den drei oben beschriebenen Umsatzschleusen die beliebteste. Denn an dieser Stelle glaubt ein Hersteller ganz selbstbestimmt handeln zu können. Während er es auf den Feldern Distribution sowie Preise und Konditionen immer sofort mit einem Dritten, dem Händler, zu tun hat, kann er sein Sortiment ganz nach eigenem Belieben gestalten und ausweiten. Nahezu alle Unternehmen haben deshalb das Problem des Übersortiments, d.h., es gibt Produkte, die nachweislich keinen Ertrag erwirtschaften bzw. sogar Verlust machen. Kaum eine Firma verfügt über ein Sortiment von ausschließlich starken Produkten mit klarer Positionierung in Sortiment und Markt – starke Produkte, die in einer funktionierenden Prozesskette von der Fabrik bis ins Schaufenster laufen und dort von einer begeisterten Kundschaft mit allen ihren Parametern akzeptiert und stets aufs Neue gekauft werden.

Wie entsteht dieses Problem? Und wie kann ihm erfolgreich begegnet werden? Zunächst muss man wissen, dass in den Unternehmen stets exzellente Begründungen für die Fehlentwicklungen in Umlauf sind. Diese Gründe können aber nicht darüber hinwegtäuschen, dass die vorangegangenen Maßnahmen falsch waren. Eine Untersuchung der Sortimentsentwicklung bringt Licht in dieses Dunkel, und die markentechnische Sortimentsanalyse weist den Weg aus der Krise.

Der Aufbau des Sortiments

Der klassische Aufbau einer Marke beginnt mit einer originären Produktidee. Durch sie werden die spezifischen Leistungen des Unternehmens realisiert und in ein Produkt umgesetzt. Häufig trägt das Produkt dann auch den Namen der Firma. Damit werden die Produktleistungen und die sie unterstützenden Unternehmensleistungen unter einem Markennamen zusammengefasst. Der Unternehmenserfolg stellt sich in dieser klassischen Version des Markenaufbaus über den Erfolg des einen starken Produkts ein. Möglicherweise existieren noch Anwendungs- oder Ausstattungsvarianten, die aber stets direkte Realisierungen derselben Produktidee darstellen. Dieser »natürliche« Vorgang des Markenaufbaus hat sich als sehr kräftig erwiesen. Die Positionierung der Marke ist eindeutig und für jedermann leicht verständlich. Dementsprechend sind solche Marken äußerst widerstandsfähig.

Von der Monomarke zur Sortimentsmarke

Doch was tun, wenn die Wachstumskurve abflacht? Nachdem das Produkt über viele Jahre stabil gelaufen ist und immer stärker wurde, lassen die Zuwachsraten nach. Das ist der Zeitpunkt, an dem aus einer Monomarke oftmals ein Sortiment wird, weil sich das Unternehmen dazu entschließt, die Kraft der nunmehr starken Marke für weitere Produkte zu nutzen. In der ersten Phase werden meist die großen, benachbarten Segmente in den angrenzenden Produktbereichen besetzt, in denen die spezifischen Fähigkeiten des Unternehmens voll wirksam werden können.

In der Regel startet man diesen Prozess der Sortimentsausweitung vorsichtig. Ziel ist es, mit jedem neuen Produkt ein möglichst großes Potenzial zu erschließen und damit für die Marke neue, kräftigende Standbeine aufzubauen, die in ihrer Gesamtheit ein schlüssiges Markensystem bilden.

So wurde z.B. mit der »Bild am Sonntag« das angrenzende große Segment »Sonntagszeitung« für die werktäglich erscheinende »Bild«-Zeitung besetzt; und mit der »Bild der Frau« eine wöchentlich erscheinende weibliche »Sonderausgabe« der eher männlich wirkenden »Bild«-Zeitung auf den Markt gebracht. Es handelte sich dabei um die mit geringen Veränderungen versehenen Realisierungen derselben Produktidee mit denselben Qualitäten.

Die Aufbauphase der Marke zeichnet sich durch folgende Eigenschaften aus:

- Jedes einzelne neue Produktsegment wird jeweils von einem starken Produkt erschlossen.
- Der Aufbau des Sortiments ist deshalb naturgemäß auf einen längeren Zeitraum hin angelegt.
- Erst wenn ein Produkt im Markt durchgesetzt ist und selbst wiederum die Marke stärkt, wird ein weiteres eingeführt.

62

Erfahrungsgemäß sind die später erschlossenen Segmente immer ein wenig kleiner als das ursprüngliche Segment, da sich die Produktidee zumeist nur im Originalprodukt zu 100 Prozent umsetzen lässt. Nichtsdestoweniger handelt es sich bei sorgfältig aufgebauten weiteren Produkten durchweg um starke Produkte, um »Renner«, die die Marke stärken.

Dieser gesunde Prozess der vorsichtigen, soliden Sortimentsausweitung findet nach mehreren Jahren sein Ende, wenn die großen Segmente besetzt sind: Alle Erfolg versprechenden Produkte sind aus dem ursprünglichen Produkt abgeleitet worden; die sich direkt anbietenden Segmente sind erschlossen. Die starke Monomarke hat sich zu einer ebenso starken, aber wesentlich größeren Sortimentsmarke entwickelt. Ihr Vorteil: Sie erreicht breitere Kundschaftsschichten, weil sich ihre Produktbereiche ergänzen.

Ausufernde Sortimente

Die Ausweitung des Sortiments ist nicht frei von Risiken, denn die Belegung weiterer Segmente ist mit strukturellen Problemen verbunden. Speziell unter den heutigen Wettbewerbsbedingungen tendieren die Unternehmen dazu, die Umsatzexpansion an der steigenden Anzahl der Produkte festzumachen. Unter dem Begriff »Line Extension« ist die Sortimentsausweitung jedoch inzwischen Selbstzweck und damit zur Gefahr für die Durchsetzungs- und Wertschöpfungskraft der Marke geworden.

Die Sortimentserweiterung wird von einem großen Markenhersteller beispielsweise dadurch zweckentfremdet, dass er von einem Brand Assistent, der Brandmanager werden will, verlangt, er möge erst einmal die Einführung eines neuen Produkts organisieren – von der Idee bis zur Vertriebstagung und Werbung. Wen wundert es, dass dieser Hersteller eines Tages sein Sortiment um dreißig Prozent hat zusammenstreichen müssen.

Auch wenn ein Unternehmen gewillt ist, die Regeln der umsichtigen Verbreiterung des Sortiments einzuhalten, sieht es sich angesichts der mit der Zeit stagnierenden Zuwachsraten in Zugzwang. Und da die Ausweitung der Produktpalette bisher stets Erfolg brachte, werden nun die kleineren Segmente ins Visier genommen. Die Umsatzpotenziale für neue Produkte sind aber durch kleinere Zielsegmente von vornherein begrenzt. Trotzdem wird das in Kauf genommen, da auch die geringeren Potenziale noch Umsatzzuwächse – wenn auch niedrigere – ermöglichen. Die neu entwickelten Produkte sind bereits relativ weit vom Kernprodukt entfernt oder haben ausgeprägteren Variantencharakter; wie beispielsweise Biermarken, die nicht nur eine alkoholfreie Version, sondern (bislang recht erfolglos) auch noch ein Medium anbieten; oder eine ehemals große Zahncreme-Marke, die gleich zwei Versionen für Kinder anbietet.

Bereits an dieser Stelle stoßen dem Unternehmen die kleiner werdenden Umsatzbeiträge unangenehm auf. Man ahnt den falschen Kurs, auf dem man sich befindet. Trotzdem fühlt man sich nicht in der Lage, ihn zu verlassen, denn die alternativen Möglichkeiten zur Generierung von Umsatz werden unterschätzt oder erscheinen aufwändiger; so, wenn man z.B. noch keine Auslandsaktivitäten hat und das Auslandsgeschäft neu aufbauen muss. Eine solche Entscheidung käme einem Neuanfang gleich und erforderte enorme Investitionen und genaueste Vorbereitungen. Es fällt daher leichter, weitere Produkte auf den Markt zu bringen, wenn noch nicht alle Segmente im Heimmarkt ausgeschöpft erscheinen, wie immer auch die Produkte »hineingedrückt« werden müssen. »Der Vertrieb wird's schon richten.«

Da die Distribution in den Zeiten der starken Sortimentsmarke präzise gestaltet wurde und solide funktioniert, finden neue Varianten und Produkte schnell den Weg in den Handel, wenn auch die immer kürzer werdenden Produktlaufzeiten bereits auf die Grenzen dieser Produkte hinweisen. Trotzdem beginnt das Management – von den geringen, aber unmittelbar ablesbaren Umsatzzuwächsen verblendet –, diese Konzeption auch noch zu mobilisieren: Man stürzt wie von Irrlichtern gelockt ins Verderben und bringt über den Vertrieb in immer kürzeren Zeitabständen immer neue, schwache Produkte auf den Markt. Dabei werden nicht nur die Umsatzbeiträge dieser Produkte immer geringer, sondern auch der Ertrag. Und der Außendienst ächzt unter der immer größeren Last und weiß nicht mehr, wofür er sich noch richtig einsetzen kann.

Flucht in die Produktinflation

Die Tore der Sortimentsschleuse werden immer weiter geöffnet. Das führt nach und nach zu Zugeständnissen in der Kalkulation und zur Akzeptanz von einzelnen Flops, also nicht funktionierenden Produkten. Man beginnt, kleinste Deckungsbeiträge für ausreichend zu halten und muss mit der Zeit sogar Mehrfachbesetzungen einzelner Segmente in Kauf nehmen, die zur Substitution von bestehenden durch neue Produkte führen.

Bei dieser ungehemmten Sortimentsausweitung gerät die Marke unweigerlich in Gefahr, denn man beginnt damit den Energiebereich der Marke zu verlassen. Da das Unternehmen dennoch davor zurückschreckt, die Preise zu senken oder die gut funktionierende Distribution aufzuweichen, flüchtet sich das Management in die Produktinflation. Durch den Ertragsdruck getrieben, produziert man immer neue, immer unstimmigere, immer schwächere Produkte, die jedoch kaum noch weiteren Umsatz bringen. Durch die steigende Flop-Rate ergibt sich eine hohe Ablösefrequenz, die das Unternehmen dazu zwingt, sämtliche Ressourcen für die Suche nach neuen Produktmöglichkeiten in allen Bereichen einzusetzen. Die Produktmaschinerie läuft auf Hochtouren, kann aber nicht mehr auf die Wertschöpfungskraft der Marke zurückgreifen.

Der Umsatz des aus dem Ruder gelaufenen Sortiments lässt sich wie eine Gauß'sche Kurve darstellen: In der Mitte befinden sich das Kernprodukt und daran angrenzend die weiteren starken Umsatzträger der Marke. Je größer die Distanz zum zentralen Produkt ist, desto kleiner werden die anteiligen Umsatzbeiträge. Die wirtschaftliche Schieflage wird deutlich. Sie schlägt spätestens dann ins Unternehmen durch, wenn die Zuwachsraten insgesamt stagnieren bzw. zurückgehen.

Markentechnische Sortimentsanalyse

Wenn das Institut für Markentechnik in solchen Situationen eine Sortimentsanalyse durchführt, dann sprechen die vorgefundenen Daten eine deutliche Sprache:

20 Prozent der Produkte machen 80 Prozent des Umsatzes aus.

Die restlichen 80 Prozent der Produkte generieren dementsprechend nur 20 Prozent Umsatz. Häufig sind es sogar nur noch 10 Prozent der Produkte, an denen der Umsatz der Marke hängt.

Besonders interessant ist dabei, dass die Hauptumsatzträger zumeist diejenigen Produkte sind, die das Unternehmen zum Erfolg gebracht haben. Dagegen bringen jene Produkte, die gelauncht wurden, um die Stagnation zu überwinden, am Ende bei weitem nicht die ihnen zugedachten Umsatzzuwächse, ja oft nicht einmal akzeptable Umsatzbeiträge.

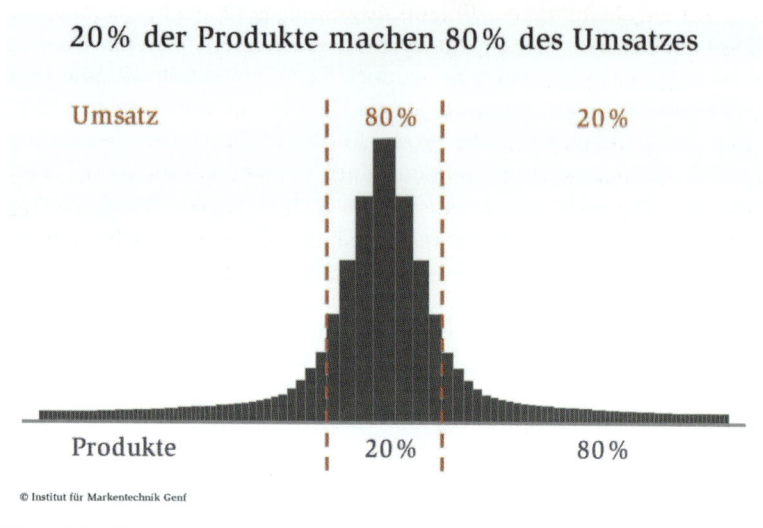

20% der Produkte machen 80% des Umsatzes

Umsatz   80%   20%

Produkte   20%   80%

© Institut für Markentechnik Genf

Abb. 3

In den Unternehmen herrscht häufig keinerlei Bewusstsein für diese unge-
sunde Relation. Man hält das Verhältnis 20:80 für die Regel, ja für natürlich. Wenn man Natürlichkeit mit Willenlosigkeit gleichsetzt, dann ist diese
Auffassung zweifellos korrekt. Wenn das Sortiment nicht aktiv gestaltet,
sondern lediglich um immer neue Produkte erweitert wird und darüber
hinaus sich selbst überlassen bleibt, dann sorgt das Marktsystem dafür, dass
sich etwa ein 20:80-Verhältnis einpendelt. Dass es nicht noch negativer aus-
fällt, liegt am Widerstand der umsatztragenden, starken Produkte.

Wer sein Sortiment jedoch nicht als Umsatzschleuse missbraucht, sondern
strategisch einsetzt, muss das Verhältnis umkehren auf 80:20. Der überwiegende Teil der Produkte soll das Geschäftsprinzip reproduzieren, den
Umsatz tragen und die Marke repräsentieren, und der restliche Teil kann
abgestuft als Versuchsfeld dienen, in dem neue Chancen gesucht werden
und Evolution betrieben wird. Das Ergebnis der Profitabilitätsanalyse entspricht der Schieflage der üblichen Umsatzrelation. Hier bescheren die
umsatzschwachen Produkte der Firma sogar Verluste. Der Aufwand für
diese Produkte belastet das Gesamtergebnis, das ausschließlich von den
wenigen starken Produkten getragen wird. Die Marke hat in diesem Stadium bereits an Durchsetzungs- und Ertragskraft eingebüßt.

Um den beteiligten Führungskräften diese desolate Ertragslage eingehend zu verdeutlichen, ist eine detaillierte Untersuchung bis in die Kosten- und Investitionsstrukturen jedes einzelnen Produkts erforderlich. Denn jedes der verlustbringenden Produkte hat einen Paten im Unternehmen, der es verteidigt. Diese Paten können oft nur mit – bis ins Detail belegten – Hard Facts von der Sinnlosigkeit ihres Patenkindes überzeugt werden. In diesem Zusammenhang habe ich übrigens die Erfahrung gemacht, dass das Wort »strategisch« immer Verlustgeschäfte bezeichnet bzw. verschleiern will. Das gilt für »strategische Produkte«, »strategische Niederlassungen«, »strategische Länder« etc.

Die schwachen Produkte werden gefördert

Ein weiterer Analyseschritt betrifft den Einsatz der Ressourcen. Hier ist festzustellen, dass in allen vom Institut für Markentechnik analysierten Fällen das Ergebnis reziprok zum Umsatz- und Ergebnisbeitrag der Produkte ausfiel. Das heißt: Nur der geringste Teil der Ressourcen – auch hier ca. 20 Prozent – wird auch tatsächlich für die starken, erfolgreichen Produkte aufgewandt; der weitaus größere Anteil von mindestens 80 Prozent geht in die schwachen Produkte.

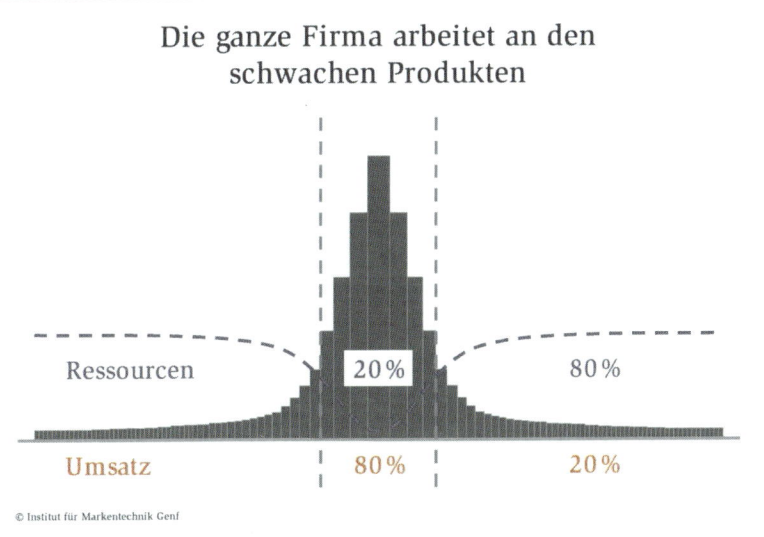

Die ganze Firma arbeitet an den schwachen Produkten

Ressourcen 20 % 80 %

Umsatz 80 % 20 %

© Institut für Markentechnik Genf

Abb. 4

Auch hier scheinen die Anstrengungen für die schwachen Produkte natürlich zu sein. Man versucht mit allen Mitteln, diese Produkte in den positiven Bereich zu hieven. Der Wirkungsgrad von 80 Prozent der Ressourcen ist jedoch ungemein gering: Selbst wenn die Förderungsaktivitäten das eine oder andere Produkt zu einem größeren Umsatz bringen – der Anteil am Gesamtumsatz bleibt verschwindend gering und der Geldeinsatz unverhältnismäßig hoch.

Und die Fördermaßnahmen selbst sind häufig mehr als zweifelhaft. Mitunter werden Produkte künstlich auf eine bestimmte Stückzahl hochgepäppelt, die vom Produktionsmanagement als Mindestmenge gefordert wird, um in Produktion zu gehen. Wenn diese Menge geschafft ist, wird sie im folgenden Jahr erneut eingeplant und muss wieder gestützt werden – die Förderung verselbstständigt sich. Mit einem riesigen Aufwand werden demnach Ressourcen aus allen Bereichen vergeudet: aus Management und Entwicklung, aus Marketing und Kommunikation, aus dem Vertrieb, und letztendlich werden auch Investitionen verheizt.

Der Frage, warum die Ressourcen nicht auf die starken Produkte gelenkt würden, begegnen die verantwortlichen Manager mit dem Argument, dass die »Renner« ohnehin von alleine liefen, die schwachen Produkte aber unterstützt werden müssten. Ein Vergleich aus dem Sport verdeutlicht die Absurdität des Vorgehens: Wenn im Spitzensport wie der Formel 1 nicht der Beste eines Rennstalls, sondern der Newcomer am intensivsten gefördert wird, weil der Top-Fahrer ohnehin immer gewinnt, dann wird es bald keine Siege mehr geben.

Abwehrhaltung gegen Sortimentsstraffung

Das Thema Sortimentsstraffung ist in kaum einem Unternehmen wirklich neu. Der Deutschlandchef eines weltweit operierenden Markenunternehmens beklagte in seiner Abschiedsrede eine einzige durchgehende Schwäche der Firma: »Wir schaffen es einfach nicht, uns rechtzeitig von schwachen Produkten zu trennen, sondern basteln ständig aussichtslos daran herum.« Tatsächlich begegne ich bei meinen Beratungen einer nahezu irrationalen Angst, wenn es darum geht, Produkte aus dem Programm zu nehmen. Warum fällt es den handelnden Personen so schwer, sich von Verlustbringern zu trennen, obwohl die betriebswirtschaftlichen Fakten für sich sprechen?

Die erste Antwort: Es liegt am Mengendenken, das sich im Sortiment mit voller Wucht niederschlägt. Produkte werden grundsätzlich gleichgesetzt mit Umsatz: Wenig Produkte – wenig Umsatz; viele Produkte – viel Umsatz. Je stärker das Unternehmen unter Ertragsdruck gerät, desto sensibler reagiert man auf Mengenrisiken. Und nachweisbar hängt nun einmal an jedem noch so schwachen Produkt zumindest ein kleiner Umsatz. Dabei zählt dann auch nicht, dass die Entrümpelung sogar mit einer direkten Ergebnisverbesserung einhergehen kann. Schon gar nicht mehr vorstellen kann man sich in der Defensive, dass ein Kahlschlag im Sortiment am Ende sogar zu wesentlich mehr Umsatz führen könnte.

Zweitens hat sich im Markt ein Programm verselbstständigt, mit dem man argumentativ von der Beurteilung der einzelnen Produkte abhebt und sich auf eine höhere Ebene begibt. Dieses Programm läuft unter dem Titel »Wir müssen Vollsortimenter sein«. Die Unternehmen fühlen sich vom Handel dazu genötigt, ein möglichst umfangreiches Sortiment anzubieten. Sie befürchten, dass Konkurrenten beim Handel in die Lücken stoßen, die sich durch Sortimentsbeschneidungen auftun würden.

Mit der Selbsteinstufung als Vollsortimenter wird eine gesamtheitliche Wirkung des Sortiments angesprochen, mit der selbst alarmierende Ergebnisse der betriebswirtschaftlichen Analyse wegargumentiert werden. Dies geschieht, obwohl der Begriff Vollsortimenter in keinem der untersuchten Unternehmen definiert werden konnte. Was nicht verwundert: Man bezeichnet sich als Vollsortimenter, nimmt jedoch stets neue Produkte ins Sortiment auf. Zu welchem Zeitpunkt kann das Sortiment denn eigentlich als »voll« bezeichnet werden?

Da die Unternehmen die Bewertung des Gesamtsortiments für unabdingbar halten, habe ich mich in allen Projekten speziell mit den übergeordneten, d.h. den systemischen Wirkungen des Sortiments in seiner Gesamtheit auseinander gesetzt. Dabei ist als Ergebnis festzuhalten, dass die Gefahren ausgeuferter Sortimente bei dieser Betrachtung die internen betriebswirtschaftlichen Probleme bei weitem übertreffen.

Systemische Zusammenhänge

Eine Schlüsselerkenntnis besteht darin, dass die Sortimente, die innerhalb der Unternehmen präsentiert werden, meistens im Handel nicht wiederzufinden sind. Dies ist auch leicht nachvollziehbar, wenn man die produzierte Sortimentsbreite in Beziehung setzt zur Präsentationsfähigkeit des Handels. Berücksichtigt man zusätzlich die immer kürzer werdenden Laufzeiten, so addieren sich noch Abverkaufsprodukte aus früheren Sortimenten zu den aktuellen.

Der Einfachheit halber kann man auch hier die Ratio von 20:80 Prozent ansetzen, denn die Erfahrung hat gezeigt, dass die Aufnahmefähigkeit des Handels ungefähr dem gesunden Sortimentsanteil entspricht. Die starken Produkte bilden zumeist eine Sortimentsbreite, die sich bei jedem Händler durchsetzen lässt. Sobald das Sortiment aber breiter, also um schwache Produkte ergänzt wird, können die »Renner« nicht mehr automatisch die Plätze besetzen und verlieren Facings. Und hier liegt die Crux. Das Ganze kann man mit einer Autobahn vergleichen: Solange die Breite und Anzahl der Fahrbahnen in einer gesunden Beziehung zur Anzahl der Autos steht, fließt der Verkehr, entsprechend dem Organisationsprinzip: Stärkere Autos kommen schneller voran, schwächere langsamer.

Wird die Fahrbahn aber verengt, kommt es zur allseits bekannten Situation eines Staus. Jetzt geht die für das Prinzip Autobahn typische Dynamik abrupt in den Stillstand über. Der Verkehr verdichtet sich vor der Verengung. Die Kraft der starken Autos verliert ihre Wirkung, die Prioritäten werden aufgehoben. Wer jetzt durchkommt, ist nicht mehr eine Frage der Stärke.

Nach dem gleichen Prinzip entwickelt sich bei einem Überangebot an der Verengungsstelle Handel eine Stausituation. Starke und schwache Produkte stehen im Wettbewerb. Schon allein arithmetisch müssen die schwachen Produkte per Überzahl gewinnen. Damit werden aber die wirtschaftlichen Prioritäten außer Kraft gesetzt. Der Durchsetzungskraft der starken Produkte stehen die Förderungsaktivitäten für die schwachen gegenüber, und diese nivellieren so die gesamte Produktpalette. Was durchkommt, ist tagesgeschäftlicher Zufall und von der Vorliebe des einzelnen Außendienstmitarbeiters ebenso abhängig wie von der des einzelnen Händlers.

Im Ergebnis gibt es so etwas wie eine Gleichverteilung aller Produkte über alle Händler. Das bedeutet allerdings, dass jeder Händler ein auf irgendeine Weise anders zusammengesetztes Sortiment anbietet. Und dies entspricht bei weitem nicht dem Bild, das man im Unternehmen von der eigenen Sortimentsgestaltung hat.

Eine derart chaotische Sortimentspolitik führt zu einem entsprechend diffusen Bild der Marke im Handel. Die Kunden können kein einheitliches Markensortiment mehr erkennen, da in jedem Laden, in jedem Schaufenster ein anderes Sortiment präsentiert wird. Die wirklich prägnanten, markenspezifischen Produkte ragen nicht mehr heraus und können die Marke nicht mehr repräsentieren. Die Marke ist in ihrem wichtigsten Punkt, in ihren Leistungen, nicht mehr identifizierbar.

Für die Darstellung der Marke in der Werbung gilt analog: Nirgends findet sich das gesamte Sortiment abgebildet. Es ergäbe auch gar keinen Sinn. Denn Konsumenten interessieren sich nicht für Sortimente. Und schon gar nicht erhält jedes Produkt eigene werbliche Unterstützung; dafür fehlt es in der Mehrzahl der Fälle bereits am Geld. Ein Grund, warum manche Marketing-Abteilung dann auf die Idee verfällt, so genannte Dachwerbung zu gestalten, in der notwendigerweise eine allgemeine, für jeden Sortimentsbereich zutreffende Aussage, die spitzen, positionierenden Botschaften der starken Produkte unterdrückt. Sie erscheinen zwar einem Marken-Sortiment zugehörig, aber in der kommunikativen Durchsetzung gegenüber den entsprechenden Wettbewerbsprodukten sind sie eingebremst.

Der systemische Prozess besteht darin, dass die schwachen Produkte künstlich (mit Geld) gefördert werden, ohne jedoch jemals Eigenenergie zu entwickeln. Unter diesen Bedingungen werden nun auch noch die stärksten Produkte der Marke schwach, denn sie werden von der Masse verdrängt und verlieren ihre Dominanz in der Öffentlichkeit. Das Sortiment ist nicht nur wirtschaftlich am Ende, sondern auch strategisch lahmgelegt. Denn nur die starken Produkte waren die Ertragsbringer und zugleich die Speerspitzen der Marke gegenüber Wettbewerb und Handel. Die große Breite des Sortiments war niemals für das gute Jahresergebnis verantwortlich; nur die wenigen starken Produkte hatten Wettbewerbs- und Ertragskraft.

Diese Waffen sind nun stumpf geworden: Das Sortiment wird als austauschbar empfunden, denn auch die immer noch vorhandenen Stärken werden nicht mehr wirksam. Aus einem ehemaligen Sortiment von starken Schnelldrehern ist nun ein Aktionssortiment geworden. Die Marke hat ihre Durchsetzungskraft verloren. Sie wird wie ein No-Name behandelt, der über Angebote, Promotions und Druck in den Handel gebracht werden muss, während Marke per definitionem mit Reproduktionsdynamik arbeitet: Leistungen und Stärken des Produkts sprechen für sich selbst und lassen den Kunden wie selbstverständlich immer wieder zugreifen.

In dieser für die Marke prekären Situation beginnt der Handel nur allzu gern, über Konditionen zu »verhandeln«. Da selbst die Hersteller ihre ehemaligen »Renner« nicht mehr als solche empfinden, sind sie jetzt zu Zugeständnissen bereit. Zu Ursachen für den Verfall erklären sie einmal mehr den sich verändernden Markt sowie die erfolgreiche Aufholjagd des Wettbewerbs. Der Prozess wird falsch gedeutet: Früher hatte man »Renner«, die scheinbar schwächer wurden. Dadurch schien man gezwungen, neue Produkte auf den Markt zu bringen. In Wirklichkeit aber sind die »Renner« langsamer geworden, weil man die vielen neuen Produkte eingebracht hat. Das gesamte Geschehen kehrt sich in Ursache und Wirkung um.

Jeder führende Mitarbeiter im Unternehmen hat seine eigene Begründung für den Misserfolg. Es gibt ein ganzes Potpourri von Begründungen. Dementsprechend werden auch unterschiedliche Markeninformationen an den Handel gegeben; und jeder Händler wiederum präsentiert dem Konsumenten etwas anderes. Die Kraft, die Leistung und die Charakteristik der Marke können sich nicht mehr geschlossen reproduzieren und bleiben auch aus diesem Grund auf der Strecke.

Durch die strategische Lahmlegung des Sortiments ist ein weiteres strategisches Feld bereits gefallen, die Preise und Konditionen. Und auch die Distribution hält nicht lange stand, da die Unternehmen angesichts fehlender Markenkraft und sinkender Erträge an allen Schrauben drehen, um das Schiff wieder flottzubekommen. Doch ohne einschneidende Veränderungen wird das nicht gelingen, denn durch die mangelnden Erträge aus vormals starken Produkten macht die Marke nun insgesamt nachhaltigen Verlust.

Wenn man das Autobahnbeispiel auf das Sortiment überträgt, hat der Stau für den einzelnen Hersteller zwei Dimensionen:

- Das Sortiment steht insgesamt im Wettbewerb mit den Sortimenten anderer Hersteller.
- Das einzelne Produkt steht darüber hinaus im sortimentsinternen Wettbewerb.

Es liegt auf der Hand, dass der Stau an der Wettbewerbsfront nicht an der Staustelle geregelt werden kann. Dem selbst verursachten Stau im eigenen Sortiment kann man aber an seiner Ursache beikommen. Und hier liegt die Aufgabenstellung.

Sortimentssanierung

Die Umkehr einleiten

Bei der Einleitung des Prozesses sind vor allem Ängste und Widerstände zu überwinden: Das Unternehmen hat sein Sortiment bislang als »Umsatzdriver« geführt. An dieses »Spiel« haben sich sowohl der Vertrieb als auch der Handel gewöhnt, die in ihren Verkaufs- bzw. Einkaufsgesprächen ohnehin am liebsten neue Produkte oder neue Aktionen zum Thema machen. Unsensible Einschnitte ins Sortiment werden offenen Widerstand hervorrufen, da die Formel »Produkt = Umsatz« in den Köpfen der Führungskräfte nach wie vor uneingeschränkt gilt. Jedes zur Disposition stehende Produkt wird aus Angst vor Umsatzverlust verteidigt.

Ein zweiter Hemmschuh ist das Misstrauen der Entwicklungs- und Produktionsbereiche gegenüber Ankündigungen zur Sortimentsstraffung. Sie sind ja durch die Sortimentsexpansion direkt belastet, da sie zunehmend für kleinste Umsätze arbeiten, ohne Zeit für strategische Züge und größere Veränderungen zu finden. Sie haben den falschen Kurs bereits frühzeitig erkannt, ihre Warnungen sind jedoch stets wirkungslos verhallt. Jeder halbherzige Versuch der Geschäftsleitung, das Sortiment zu straffen, mündete in einer noch größeren Produktanzahl. Die daraus resultierende Resignation der Produktmanager sollte behutsam überwunden werden.

Ein Konzept zur Umkehr muss diese (natürlichen) Ängste äußerst ernst nehmen und ihnen erkennbar Rechnung tragen. Wer sie in einem Lösungsvorschlag berücksichtigt, der gewinnt das Vertrauen und schließlich die Unterstützung aller Mitarbeiter, sogar der skeptischen. Deshalb ist es unabdingbar, dass das gesamte Projekt im bereichsübergreifenden Führungskreis besprochen wird: Alle Führungskräfte müssen an diesem Prozess beteiligt werden.

Um sowohl Umsatzangst als auch Misstrauen gerecht zu werden, müssen einerseits mit einem ersten, konsequent realisierten Schritt zu Beginn des Prozesses Zeichen gesetzt werden, die die Entschlossenheit zur Umkehr unmissverständlich verdeutlichen. Andererseits darf dieser Schritt die Sortimentsbreite in ihrer (vermeintlichen) Substanz noch nicht antasten.

Hierzu werden nach einer detaillierten Analyse aller Produkte zunächst nur die unumstrittenen Verlustbringer identifiziert und unverzüglich gestoppt. Über diese Randprodukte, deren Mengen- und Margenbeitrag auf Grundlage einer exakten Kalkulation nachweislich negativ ist, herrscht meist (stillschweigende) Übereinstimmung im Betrieb. Dennoch wird es auch hier noch Diskussionen geben; sie sollten als Chance wahrgenommen werden, die zwingenden kaufmännischen Zusammenhänge zu verdeutlichen. Selbst wenn dieser erste Schritt noch keine bedeutenden Ergebnisverbesserungen bringt: Es ist ein für alle verständliches Signal gesetzt. Hier paart sich Vorsicht mit Konsequenz: Einerseits dürfen nur Produkte aussortiert werden, die tatsächlich Verlust bringen, andererseits muss der eiserne Wille zur Umkehr nachdrücklich demonstriert werden.

Die detaillierte betriebswirtschaftliche Analyse identifiziert neben den Verlustbringern natürlich auch die bekanntermaßen starken Produkte. Vor allem aber hilft sie, jenen Sortimentsbereich aufzudecken, in dem die Produkte entweder eine ungenügende Marge oder eine zu geringe Stückzahl generieren. Sie stellen in der aufgezeigten Situation im Allgemeinen den größten, den inflationären Anteil am Sortiment. Hier gibt es allerdings keine eindeutigen Sieger und Verlierer mehr, d.h., auf Basis der betriebswirtschaftlichen Kriterien kann keine sichere Auswahl getroffen werden. Jeder Einschnitt wäre umstritten und würde zur Spekulation über weitere, ebenso umstrittene Streichungen führen. Die oben beschriebenen Ängste und Widerstände würden wieder aufsteigen und daraus abgeleitete Inkonsequenzen das Projekt zum Scheitern bringen.

Um das Verkehrsbeispiel wieder aufzugreifen: Die Analyse der einzelnen Produkte ergibt drei Produktgruppen, denen jeweils eine Ampelfarbe zugeordnet werden kann. Für die Verlustbringer steht die Ampel auf Rot, sie werden umgehend eingestellt; gelbe Produkte sind Management-Aufgabe, hier müssen Potenziale und Beschneidungsmöglichkeiten gefunden werden; »Renner« haben freie Fahrt, für sie steht die Ampel auf Grün. Da im gelben Sortimentsbereich die eigentliche Sanierungsaufgabe liegt, hat das Institut für Markentechnik das Projekt der dynamischen Sortimentssanierung entwickelt. Das Projekt hat sich in der Praxis bewährt. Im Folgenden beschreibe ich allein die methodischen Schritte.

Projekt: Dynamische Sortimentssanierung

Der Vorgehensweise bei der dynamischen Sortimentssanierung liegt die Erkenntnis zu Grunde, dass ein harter, rein betriebswirtschaftlich begründeter Eingriff in das Sortiment zunächst einmal negative Auswirkungen

74

auf das laufende Geschäft hätte. Noch unter dem Einfluss des gewohnten Geschäftsprinzips wird jede weiterführende Sortimentskürzung als Abrüstung verstanden. Den handelnden Personen fehlt die positive Perspektive, um die Maßnahmen kraftvoll am Markt zu vertreten. Denn das, was man bislang unter Erfolg verstanden hat – Menge und Umsatz –, wird nicht nur längere Zeit auf sich warten lassen: Man würde sie bei einer harten Vorgehensweise erst einmal gefährden, da mit den unrentablen Produkten tatsächlich auch Umsätze abgeschnitten würden. Und die Ergebnisverbesserung, die möglicherweise sehr schnell eintrat, ist bei der Argumentation gegenüber dem Handel nicht sehr hilfreich.

Deshalb setzt die dynamische Sortimentssanierung zuerst bei den starken Produkten an. Bevor mit den schwachen Produkten ein Umsatzanteil abgeschnitten werden kann, müssen die starken Produkte größere Umsätze erwirtschaften, um zumindest die augenblickliche Umsatzsituation zu erhalten.

Den starken Produkten wird ab sofort in allen Bereichen Vorfahrt eingeräumt: Alle Ressourcen werden uneingeschränkt auf die Umsatz- und Ertragsbringer ausgerichtet. Das heißt auch, dass alle Förderungsmaßnahmen in Marketing, Werbung und Vertrieb diesen Produkten zugute kommen müssen.

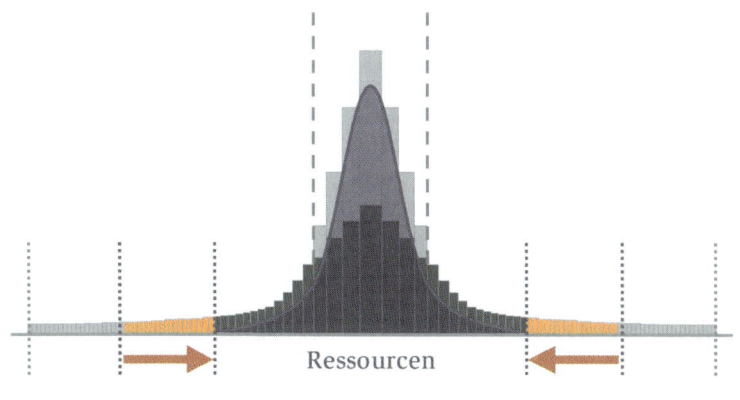

Vorfahrt für starke Produkte:
Ressourcen werden konzentriert

Ressourcen

© Institut für Markentechnik Genf

Abb. 5

75

Der Wirkungsgrad jeder einzelnen Maßnahme ist hier naturgemäß um ein Vielfaches höher als bei schwachen Produkten. Und man schafft die Erfolge, die nicht nur wirtschaftlich nötig sind, sondern auch bei der Durchsetzung der eigenen Strategie im Markt eingesetzt werden können.

An dieser Stelle wurde in einem der Projekte vom Management darauf hingewiesen, dass sich im Falle einer solchen Ressourcenfokussierung die aktuellen Lieferprobleme bei den starken Produkten noch verstärken würden. Was steckt hinter diesem Einwand? Da die Produktions- und Lagerkapazitäten in vielen Unternehmen auf alle Produkte aufgeteilt sind, um das Gesamtsortiment liefern zu können, sind die schnell drehenden, starken Produkte häufig nicht lieferbar. Die Ist-Analyse bestätigt, dass die schwachen Produkte auf Grund der zu fertigenden Mindestmengen praktisch das Lager blockieren. Man verfügt über ein totes Lager!

Diese dramatische Erkenntnis liefert gleichzeitig den Schlüssel zu einem weiteren Schritt der dynamischen Sanierung: Die Lagerbestände werden konsequent auf die starken Produkte konzentriert, d.h., die Bestände bei den schwachen Produkten werden sukzessive heruntergefahren – und der definierte Gesamtbestand wird auf die starken Produkte verlagert.

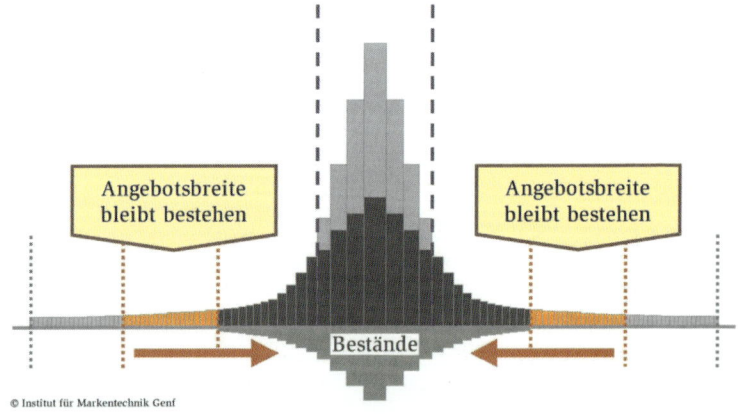

Produktion und Lagerbestände werden auf die starken Produkte konzentriert

Angebotsbreite bleibt bestehen

Angebotsbreite bleibt bestehen

Bestände

© Institut für Markentechnik Genf

Abb. 6

Jetzt kann jene Eigendynamik einsetzen, die zur weiteren Bereinigung des Sortiments benötigt wird. Der Vertrieb hat immer noch die volle Angebotsbreite zur Verfügung. Es sind keine weiteren Produkte aus dem Katalog gestrichen worden – es kann jedoch zu längeren Lieferzeiten oder Stock-outs bei den schwachen Produkten kommen. Auf diese Weise sind die Lieferengpässe von den starken auf die schwachen Produkte verlagert worden. Von jenem Zeitpunkt an kann man sich darauf verlassen, dass die Aktivitäten des Vertriebs wieder auf den Verkauf der Ertragsbringer fokussiert werden, denn jeder Vertriebsmitarbeiter verkauft bevorzugt lieferbare Produkte. Die fast unmittelbar folgende Umsatzsteigerung hat zudem den Effekt, dass der gesamte Führungskreis des Unternehmens das Sanierungsprojekt jetzt uneingeschränkt unterstützt.

Jetzt sind für die Ertragsbringer die Weichen so gestellt, dass sie wieder volle Fahrt aufnehmen können. Sie erhalten auf einen Schlag alle Eigenschaften einer erfolgreichen Marke zurück: volle Wettbewerbskraft, Ertragskraft, Präsenz und Reproduktionsdynamik. Gleichzeitig lässt das unternehmensinterne Interesse an den schwachen Produkten nach. Es tritt eine dynamische Selektion zu Lasten der schwachen Produkte ein: Zum einen wegen der auf sie verlagerten Lieferschwierigkeiten, zum anderen wegen des nachlassenden Engagements des Vertriebes für diese Produkte. Diejenigen Produkte, die dennoch aktiv vom Handel nachgefragt werden, haben offensichtlich schlummernde Potenziale in sich; diese sollten jetzt gezielt aktiviert werden. Soweit dies attraktive Segmente betrifft, liegt hier das Potenzial für neue starke Produkte. Die anderen können nun sukzessive abverkauft und zum geeigneten Zeitpunkt aus dem Programm genommen werden.

Markentechnische Sortimentsführung

Sobald die starken Produkte wieder kräftig ziehen, kann der Selektionsprozess beschleunigt werden. Das Sortiment gewinnt seine dynamische Ertragskraft zurück und kann nun wieder strategisch für die Marke eingesetzt werden. Denn die starken Produkte sind die Speerspitzen, die der Marke ihre Durchsetzungskraft im Handel verleihen. Und es sind ebenfalls ausschließlich die starken Produkte, mit denen die Marke ihre überlegene Stellung im Wettbewerb behaupten und weiter ausbauen kann. Die markentechnischen Regeln, nach denen die Sanierung durchgeführt wird, gelten deshalb auch für die weitere Markenführung. Der hierbei stets zu beachtende Grundsatz liegt in der Erkenntnis, dass das Sortiment lediglich die Summe aller Einzelprodukte ausmacht und nicht ein Wert in sich selbst ist. Ein Vollsortiment, dass in keinem Schaufenster zu sehen ist, das als solches überhaupt nicht wahrgenommen wird, kann niemals eine strategische Funktion haben.

Wenn die starken Produkte eines Sortiments aber überall in den Schaufenstern und Geschäften ausliegen, dann haben sie ausnahmslos eine strategische Funktion. Nicht das Sortiment, sondern das Produkt bestimmt den Wert der Marke. Die im gesamten Unternehmen zu etablierende Regel lautet demnach:

Jedes Produkt ist ein wirtschaftlicher Einzelfall

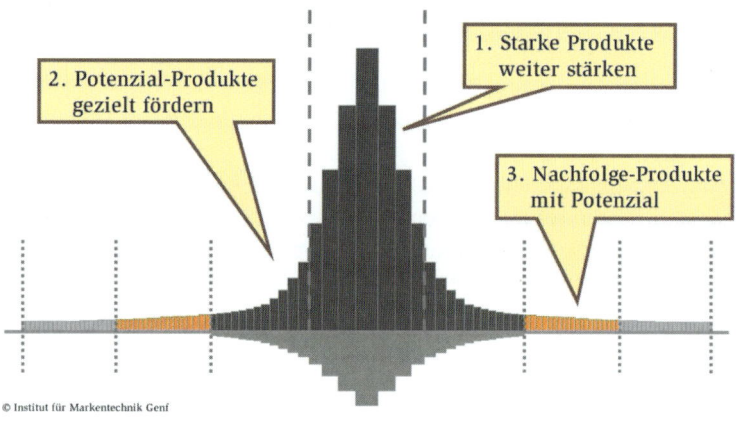

© Institut für Markentechnik Genf

Abb. 7

Nach dieser Regel müssen auch so genannte »strategische« Produkte bewertet werden, die bereits in sich selbst paradox sind: Wie sollen sie eine strategische Aufgabe erfüllen, wenn sie dauerhaft Verlust machen? Strategischen Wert können nur Produkte entfalten, die Gewinn bringen.

Um das Sortiment markentechnisch dauerhaft erfolgreich zu führen, sind unter der Maxime, dass jedes Produkt ein wirtschaftlicher Einzelfall ist, folgende Punkte zu beachten:

- Alle Ressourcen sind umsatz- und ertragsadäquat auf die starken Produkte auszurichten. Sie müssen ständig gestärkt und weiterentwickelt werden. Das Management muss dafür Sorge tragen, dass sie immer kraftvoll und up to date sind.
- Die Randbereiche des Sortiments müssen stets auf Produkte hin »gescannt« werden, die genügend Potenzial haben, um in die Reihen der Ertragsbringer vorzustoßen. Diese Potenzialprodukte sind gezielt zu fördern, damit mehrere Standbeine für ein Muss-Sortiment aufgebaut werden können. Dieses Sortiment muss jeder Händler schlichtweg listen, weil Nachfrage, Umschlagshäufigkeit und Rendite ausgeprägt hoch sind. Die Förderungsprogramme sind strikt nach dem im Unternehmen für andere Investitionen üblichen Payback-Prinzip zu kontrollieren. Produkte, die kein wirtschaftliches Potenzial aufweisen, gehören nicht in ein Markensortiment.
- Verlustbringer werden nicht als »strategisch« eingestuft, sondern aus dem Sortiment entfernt, denn ohne wirtschaftlichen Erfolg kann ein Produkt auf Dauer keine strategische Position besetzen.
- Nachfolgeprodukte müssen nach realistischer Einschätzung grundsätzlich das Potenzial haben, in die erste Reihe aufzurücken. Dies gilt auch für neue Produkte. Der Vorbereitungsprozess während des Launching muss gewährleisten, dass Inhalt, Qualität und Fördermaßnahmen stimmig sind – auch wenn die Produkte dadurch möglicherweise erst einige Zeit später auf den Markt kommen. Der Handel muss überzeugt sein, dass jedes Produkt, das vom Unternehmen angeboten wird, ein Ertragsbringer wird. In dieser Überzeugung des Handels liegt der höchste Wert für eine Marke! Alle Händlertüren stehen dann offen, Konditionen sind kein Thema, jedenfalls nicht abgekoppelt von Gegenleistungen.

Die Sortimentsführung nach diesen markentechnischen Regeln schützt das Unternehmen vor einer Wiederholung des oben beschriebenen Verfallsprozesses und verpflichtet alle seine Kräfte auf den wirtschaftlichen Anspruch der Marke – die nachhaltige Ertragskraft.

Vorsicht bei Nebenmarken

Gründe für eine Nebenmarke

Sind die Chancen der Umsatzsteigerung durch Sortimentserweiterung erschöpft, bleibt die Möglichkeit, eine zweite Marke aufzubauen oder durch Kauf ins Haus zu holen. Gegen eine solche Entscheidung ist prinzipiell nichts einzuwenden, zumal dann, wenn das Unternehmen sie aus dem Bewusstsein der Stärke trifft. Es hat Kraft entwickelt, sich durchgesetzt und das Gefühl: Die Kasse ist voll, jetzt können wir eine zweite Marke aufbauen oder akquirieren, und dann haben wir die Möglichkeit, zweimal Geld zu verdienen.

Hier möchte ich aber von dem Fall ausgehen, dass die Entscheidung für die Nebenmarke allein preispolitischer Natur ist. Ausgangspunkt ist dann regelmäßig die Meinung: Der Markt entwickelt sich preislich immer weiter nach unten, oder wie man dann gerne sagt: »Der eigentliche Markt spielt sich heute da unten ab. Da, wo wir traditionell angesiedelt sind, wird es immer enger; unser Geschäft wird sich kaum noch weiterentwickeln, weil die Konsumenten kein Geld mehr ausgeben wollen.« – Das Unternehmen entscheidet sich also für eine preiswertere zweite Marke. Mit ihr will man Segmente erschließen, die preislich weiter unten liegen. Oder wie es euphemistisch heißt: »Wir wollen damit eine Einstiegspreislage aufbauen.«

Auch gegen solche Motive ist prinzipiell nichts einzuwenden. Es kann gut ausgehen, wenigstens dann, wenn die beiden Marken getrennt geführt werden und vor allem die höher positionierte Marke nicht versucht, sich nach unten anzugleichen.

In der Führung der beiden Marken steckt freilich eine Falle, die nicht gleich zu sehen ist, weil sie sich hinter dem positiven Begriff »Synergieeffekte« verbirgt. Von der Anziehungskraft der damit verbundenen Vorstellungen und von den Markenführungsaufgaben, die sich dagegen stellen, soll hier vor allem die Rede sein. Denn bei dem Versuch, mit einer preiswerteren Nebenmarke den Umsatz zu steigern, ist höchste Vorsicht geboten.

Im Folgenden gehe ich von dem in der Praxis häufig anzutreffenden Fall aus, dass die neue Marke nicht im eigenen Haus aufgebaut wird, sondern durch Fusion oder Kauf ins Unternehmen kommt.

Meistens gibt es am Anfang den festen Vorsatz, die Marken völlig getrennt zu führen.

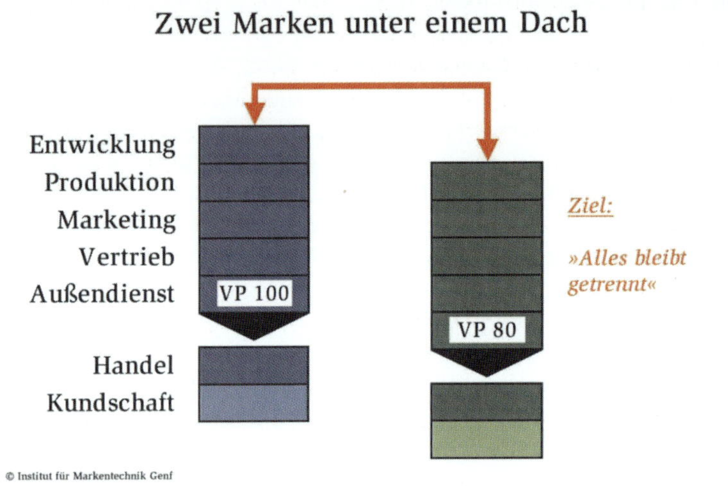

Zwei Marken unter einem Dach

Entwicklung
Produktion
Marketing
Vertrieb
Außendienst

VP 100

VP 80

Handel
Kundschaft

Ziel:

»Alles bleibt getrennt«

© Institut für Markentechnik Genf

Abb. 8

Sie sollen nichts miteinander zu tun haben. Es muss auch draußen nicht unbedingt bekannt werden, dass beide fortan aus einem Unternehmen kommen. Und im Übrigen sind die Markenführer auf beiden Seiten dafür verantwortlich, dass ihre Marke – nach je eigenen Gesetzen – profitabel läuft.

Wenn eine zweite Marke ins Haus kommt, noch dazu eine weiter unten positionierte, dann ist die Vorstellung am grünen Tisch immer die, dass alles getrennt bleibt: »Selbstverständlich bringen wir die Marken nicht zusammen; wir können doch die einfache Marke nicht mit unserer hochwertigen zusammenführen. Was wir wollen, ist einfach nur: zweimal Geld verdienen. Wir wollen weiter unten im Wettbewerb mitmischen und unsere Kraft, die wir im Hintergrund haben, einsetzen, um da unten auch noch zu gewinnen.« Das ist im Allgemeinen die gute Absicht. Doch das Leben spielt anders.

Wirtschaftlicher Druck fordert Synergieeffekte

Sobald die Verantwortung für die zweite Marke im Haus ist, tauchen die Probleme auf. Denn meistens ist die neue Marke nicht nur billiger, sondern auch schwächer. Nur selten bringt sie ein akzeptables Ergebnis; im Allgemeinen belastet sie das Gesamtergebnis.

Vorher dachten noch alle, einen starken Wettbewerber übernommen zu haben. Denn Wettbewerber erscheinen ja immer stark, jedenfalls von weitem. Ein unter diesem Gesichtspunkt aufgekauftes Unternehmen beispielsweise wurde die ganze Zeit als stärker angesehen, als es in Wirklichkeit war; einfach, weil es billiger war, weil es eines von jenen war, die unten mitspielen durften, dort, wo das große Zukunftspotenzial gesehen wird. Während wir armen Kerle noch immer hier oben die hohen Preise zu verteidigen hatten.

Die Ernüchterung ist dann zumeist sehr groß, und der Verpflichtungsgrad lässt schnell alle guten Vorsätze einer getrennten Markenführung ins Vergessen geraten. Je tiefer man hineinschaut, desto klarer wird, dass die zweite Marke keine strategische Hilfe ist, sondern bestenfalls ein renditeschwaches Zusatzgeschäft mitbringt. Um sie lebensfähig zu erhalten, müssen Synergiepotenziale im Unternehmen gefunden werden. Ein Schicksal, das alle Unternehmen erleiden, die sich auf eine solch ungleiche Paarung einlassen.

Was passiert nun?

Während offiziell noch immer die ursprünglich geplante und verkündete Zwei-Marken-Strategie gilt, geht der Zug von nun an zwingend in Richtung subventionierte Zweit-Marken-Strategie. Unter dem Druck sich verschlechternder Ergebnisse fällt irgendwann während eines Management-Meetings die entscheidende Frage: »Können wir es uns eigentlich leisten, mit zwei Parallelmarken in der gleichen Branche auch alles zweimal zu machen? Müssen wir eigentlich – aus reinem Prinzip – z.B. alles zweimal entwickeln? Keinen Menschen in der Außenwelt kann es doch interessieren, in welcher Abteilung unsere Produkte entwickelt werden. Die Entwicklung hat doch nun wirklich für den Konsumenten überhaupt nichts zu bedeuten. Das bleibt doch ganz im Hintergrund. Und so gut geht es uns ja nun auch nicht.« Mit solchen oder ähnlichen Wendungen geht es los. Erstmals locken die Synergieeffekte; die Marken mit ihrer eigenen Gesetzlichkeit müssen zurückstecken.

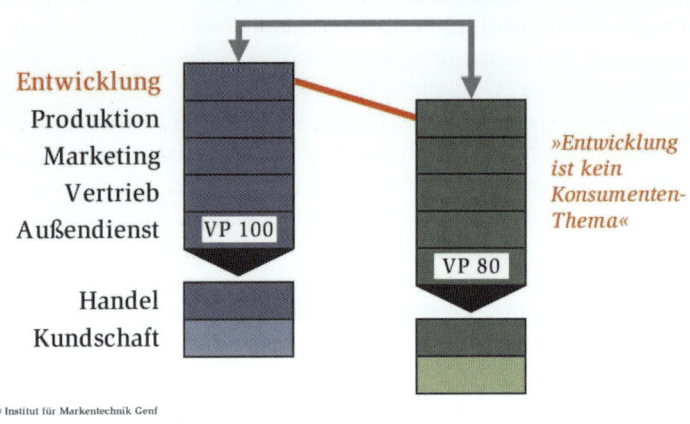

Wirtschaftlicher Druck fordert Synergieeffekte

Entwicklung
Produktion
Marketing
Vertrieb
Außendienst

VP 100

VP 80

»Entwicklung ist kein Konsumenten-Thema«

Handel
Kundschaft

© Institut für Markentechnik Genf

Abb. 9

Von der zusammengelegten Entwicklung hat man sich Synergien versprochen; und jetzt muss man feststellen, dass eine gemeinsame Entwicklung bei getrennten Produktionen mit völlig unterschiedlichen Produktionslayouts und verschiedenen Produktionsverfahren etc. überhaupt keine Synergieeffekte mit sich bringt. Jetzt kriegt der Entwicklungschef die Vorwürfe auf den Tisch. Seine Rechtfertigung:»Ich kann hier entwickeln, was ich will; wenn ich anschließend in zwei verschiedene Produktionen gehen muss, können einfach keine Synergien entstehen.« Denn jede Produktion widersetzt sich einer Koordination der Prozesse.

Was ist die Folge? Nun wird auch die Produktion zusammengelegt, sodass jetzt tatsächlich erste Entwicklungssynergien wirksam werden können. Es fängt mit der Abstimmung von Layouts und Abmessungen etc. an. Nach der Devise: Alles, was der Konsument nicht wahrnehmen kann oder nach Einschätzung des Unternehmens für ihn nicht bedeutsam zu sein scheint, wird standardisiert. Dies sind allerdings Ermessensfragen, und die Grenzen sind fließend. Die Waage kippt in Richtung Synergie; ein Standardisierungsschub folgt dem nächsten. Die Suche nach großen Potenzialen führt zu immer größeren Lösungen, die dann zwangsläufig ihre Spuren auch auf der Oberfläche hinterlassen. So bringt beispielsweise eine Produktionszuordnung nach Produktsegmenten erhebliche Einsparungen. Jene Fabrik fertigt für beide Marken die kleinen, die andere für beide die großen Produkte (oder das, was die Unterschiede innerhalb eines Markensortiments ausmacht). Im Dienstleistungsbereich ist es das Backoffice, dessen Grenze dann schrittweise in Richtung Front verlagert wird. Oder die Formulare, deren separater Druck sich nicht lohnt.

Das alles rechnet sich selbstverständlich immer – wenn man unterstellt, dass die aufgebaute Markenkraft bei all diesen Veränderungen eine Konstante bleibt. Und dies – es verwundert mich immer wieder – wird tatsächlich unbeirrt unterstellt. Es wird in diesem Stadium im ganzen Hause spürbar mehr über Markendifferenzierung gesprochen als je zuvor. Kein Meeting, in dem nicht die Zwei-Marken-Strategie beschworen und die Aufgabe bekräftigt wird, innerhalb des nun noch gegebenen Rahmens maximal zu differenzieren.

In den Management-Meetings prallen die Meinungen inzwischen aufeinander: Die Marketing- oder Vertriebsleute ahnen, was da auf sie zukommt: »Aber dann kommt ja aus einer Fabrik für beide jeweils praktisch das Gleiche.« – »Ja, ja, aber da gibt es noch genug Raum für Differenzierung. Da haben wir ein spezifisches Aktionsprogramm aufgelegt, da brauchen Sie keine Angst zu haben, das kriegen wir schon hin. Im Übrigen sind Sie ja nun auch aufgefordert, ihre Marketingstrategien zu differenzieren.«

Diese Berichte von Meetings sind Live-Berichte. Es gibt davon sehr viele Varianten. Allen ist gemeinsam, dass sich die Verantwortlichen dem bereits offensichtlich gewordenen Problem nicht ernsthaft stellen. Der eine oder andere Leser mag die Diskussionen wieder erkennen; es ist ein absolut zwingender Vorgang, der sich immer wiederholt, ein Prozess, der Zug um Zug die beiden Marken annähert. Die Markentechnik spricht hier vom »Reißverschluss-Prozess«, und ihn behält sie im Auge, wenn Synergieeffekte versprochen werden.

Die Produktion wurde also zusammengelegt, aber die Differenzierung soll erhalten bleiben, denn die Verantwortlichen wissen noch, wie wichtig Differenzierung für Marken ist. Das führt dazu, dass die Mannschaft bald mit einer vereinheitlichten Technik arbeitet, aber mit zwei Marktorganisationen umgehen muss. Und was passiert, wenn man so weit ist?

Die einheitliche Technik spricht mit zwei Marktorganisationen, die von dem, was im Markt vor sich geht, und von dessen Anforderungen ganz verschiedene Versionen liefern. Bis sich die Technik im nächsten Meeting beschwert: »Das geht so nicht weiter. Wir wissen nicht mehr, was wir machen sollen. Die Leute vom Vertrieb sagen uns, wie sie es haben wollen. Ich kann aber nicht immer mit zwei Vertrieben und zwei Marketingabteilungen meine Technik abstimmen. Wir kriegen überhaupt keine Konzepte zusammen.«

Und was geschieht nun? Man sagt: »Das ist doch klar, wir brauchen einen einzigen Ansprechpartner, der mit einer Stimme die Marktorganisationen vertritt.« Man einigt sich also darauf, das Marketing zusammenzulegen. »Ein gemeinsames Marketing ist dann auch in der Lage, die Marken gezielt und mit geringstem Aufwand getrennt voneinander zu positionieren.« Und was bedeutet das? Es ist eine Art Zwischenlandung, wie ich kurz zeigen möchte.

Zuschauer und Folgen

Sobald Entwicklung und Produktion zusammengelegt sind, haben Sie bereits die ersten Zuschauer.

Sowohl Handel als auch Fachpresse können in das Unternehmen hineinsehen. Die Baugleichheit wird erkannt über Beziehungen zu den Entwick-

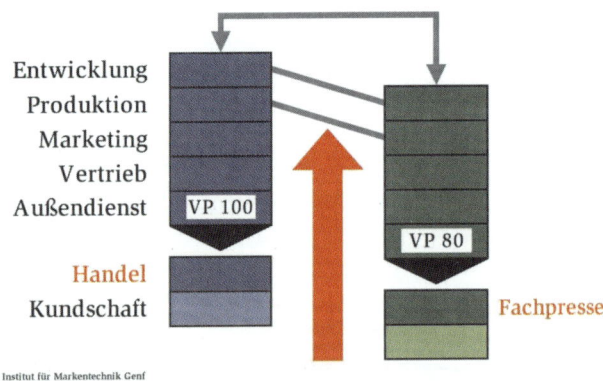

Handel und Presse erkennen ›Baugleichheit‹

Entwicklung
Produktion
Marketing
Vertrieb
Außendienst

VP 100

VP 80

Handel
Kundschaft

Fachpresse

© Institut für Markentechnik Genf

Abb. 10

lern, über Lieferanten, Analysten, über Fachveröffentlichungen. Das ist die erste Möglichkeit, wie die tatsächlichen Verhältnisse in die Öffentlichkeit dringen. Und dann wird es natürlich umso wichtiger, jemanden im Marketing zu haben, der auf Differenzierung macht.

Jetzt fängt das Unternehmen an, künstliche Differenzierungen zu entwickeln, die eigentlich wenig Substanz haben, weil die Substanz im Technikbereich längst vollständig vereinheitlicht wurde. Das Marketing soll jetzt differenzieren und fängt an, Positionierungen zu erfinden. Und dann geht es los mit Positionierungsmodellen und mit Erklärungen, was alles anders ist. Der Leser dürfte wissen, wie schwer sich das Unternehmen nachher tut, solche Scheindifferenzierung zu predigen – gegenüber den Abnehmern, besonders gegenüber Handel und Fachpresse, aber auch gegenüber der eigenen Belegschaft.

Und was passiert noch? Natürlich merkt der Vertrieb immer mehr, dass es sich um einander angeglichene Markenprodukte handelt, d.h., der Hauptkrieg, der Wettbewerbskrieg, findet jetzt zwischen den beiden Vertrieben statt.

Der größte Wettbewerber ist ab jetzt die jeweils andere Marke im Hause, denn die eine darf billiger und die andere muss teurer sein. Möglicherweise werden einer Marke einige Neuheiten reserviert, die sie zuerst bringen darf. Dann erklären die anderen: »Wir haben sowieso schon das schwächere Produkt, und dann müssen wir auch noch begründen, warum wir immer später dran sind.«

Es ist ein Prozess in Gang gekommen, in dem die Marken und ihre Mannschaften sich nur noch miteinander vergleichen. Und da sie im selben Hause, am gleichen Meeting-Tisch sitzen und ihre Zahlen vorstellen, gibt es zwei Effekte: Erstens kennen sie ihre Zahlen gegenseitig besser als die von jedem Wettbewerber, d.h., man kann mit dem entsprechenden Wissen am Tisch streiten, und zweitens müssen sie sich am gleichen Tisch für Erfolg oder Misserfolg verteidigen. Das führt unweigerlich in die wechselseitige Anpassung.

In diesem Zusammenhang geht auch die Glaubwürdigkeit des höheren Preises zusehends verloren. Schließlich heißt es: »Es geht so nicht weiter, die Vertriebe machen Preiswettbewerb immer nur untereinander. Was wir jetzt brauchen, ist ein gemeinsamer Vertriebschef.« Und so werden die Vertriebe zusammengelegt, wobei der Kunde das alles nicht merken soll.

Dies aber kann nicht funktionieren, denn die Vereinigungskräfte im Unternehmen werden immer stärker.

Gleichzeitig werden natürlich die Ergebnisse bei einem solchen Prozess nicht besser. Und so wird das Problem für das gesamte Unternehmen jeden Tag schwieriger zu lösen. Und jetzt versuchen Sie mal, im nächsten Meeting die nächste sich anbietende Vereinheitlichung, nämlich die der Außendienste, abzuwehren.

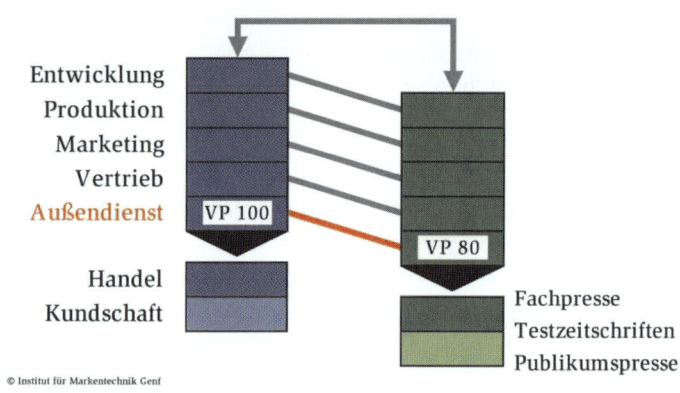

Abb. 11

Ist Ihnen bewusst, was Ihnen die Initiatoren der Zusammenführung entgegenhalten werden? »Wollen Sie mir denn sagen, dass es noch eine Rolle spielt, ob zwei verschiedene Außendienste unsere Produkte verkaufen – unter der gleichen Vertriebsführung, unter dem gleichen Marketing und darüber hinaus unter der Bedingung, dass die gleiche Herkunft bekannt ist? Wir gehen doch zu jedem Kunden zweimal. Das heißt, wir haben den doppelten Aufwand. Unsere ganze Rationalisierung hat gar nichts gebracht, wenn wir Synergien im Außendienst verweigern.« Jetzt geht es an die letzten Rationalisierungsreserven; die Truppen werden zusammengelegt und gleichzeitig halbiert.

Wenn man die Koexistenz der beiden Marken jetzt auch noch über einen gemeinsamen Außendienst definiert, ist der Reißverschluss praktisch schon zu. Eine missliche Lage: Es gibt zwei Marken, die einander angeglichen sind, aber nach wie vor nicht zusammenpassen, auch historisch nicht, und nun künstlich voneinander ferngehalten werden. Mit Argumenten und kleinen Extras, mit Design-Spielereien, Farbcodes und unterschiedlichen Werbekampagnen (falls das Geld dazu noch da ist) versucht man nun, auf irgendeine Weise unterschiedliche Auftritte zu gestalten.

Das bedeutet, dass die Kraft, die in der ersten Marke einmal gesteckt hat – in der Werbung, in all den Maschinerien, die sie stark gemacht haben –, nachlässt. Die Mittel gehen ihr langsam aus. Stück für Stück wird klar, dass das, worauf man zu bauen gedachte, im Grunde ein Trojanisches Pferd ist; d.h., der Feind sitzt im eigenen Hause. Und der Feind ist nicht etwa die andere Marke an sich, sondern der Feind ist das Gefälle zwischen den beiden Marken. Das Gefälle im eigenen Hause führt automatisch dazu, dass bei jeder Bewegung, bei jedem Problem Hebel da sind, mit denen sich die beiden Systeme gegenseitig herunterziehen oder mit denen der Prozess der Zusammenführung beschleunigt wird. Weil es immer eine Schieflage zwischen Leistung und Preis gibt. Immer, egal, was Sie unternehmen. Das führt zu einer internen Spirale nach unten.

Interne Preisspirale zieht beide Marken nach unten

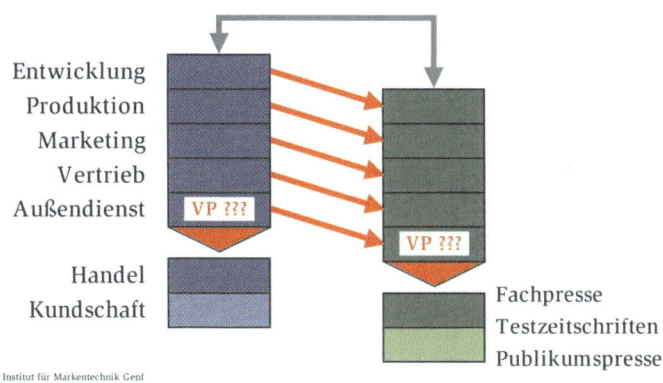

Entwicklung
Produktion
Marketing
Vertrieb
Außendienst — VP ???

VP ???

Handel
Kundschaft

Fachpresse
Testzeitschriften
Publikumspresse

© Institut für Markentechnik Genf

Abb. 12

Und jetzt hat dieser Prozess den Punkt erreicht, an dem sich die Testzeitschriften problemlos über alles, was passiert, informieren können und immer mehr darüber erfahren. Schließlich erreicht die »geheim gehaltene« Botschaft die Publikumspresse, und jeder kann lesen, dass es längst ein Einheitsbrei ist, der da verkauft wird. Damit sind die beiden Markensysteme von oben bis unten »zusammengezogen«, also bis hin zum Konsumenten, zur Kundschaft.

Prozesslogik

Das Fatale bei solchen Verläufen besteht darin, dass der Prozess ein schleichender ist, den keiner bemerkt. Er kann zwei Jahre dauern, er kann drei Jahre, er kann fünf Jahre dauern. Das, was einem bewusst sein muss, ist Folgendes: Der erste Schritt ist bereits das komplette Programm. Danach gibt es nur noch den Ablauf. Auch wenn die nachfolgenden Entscheidungen, und zwar jede für sich – das ist das Gefährliche an diesen Prozessen –, für die Teilnehmer immer von zwingender Logik sind.

Wenn Sie ein gegebenes Problem gemeinsam analysieren, meldet sich in der Geschäftsführungsrunde ein Retter. Er wagt es, den nächsten, rettenden Zusammenführungsvorschlag zu machen, zu dem alle sagen: »Wieso sind wir nicht früher darauf gekommen?« Das heißt, die einzelnen Schritte sind für sich genommen plausibel, und das Management hat auch jedes Mal das Gefühl, eine Heldentat vollbracht zu haben. Die Begründungen sind jeweils in sich schlüssig. Was in der Realität in einer Katastrophe mündet, ist die Verkettung dieser Beschlüsse.

Der Prozess enthält noch ein Problem, das in der Regel verdeckt bleibt. Wer dergleichen einmal begonnen hat, findet kaum mehr den Mut, die neue Marke wieder abzustoßen oder aufgeben; zumindest sehr lange nicht. Da muss der Laden erst richtig am Boden liegen, und möglichst muss ein Sanierer kommen, der sagt: »Schnellstens die Zweitmarke abstoßen oder, wenn sie noch Potenzial hat, strikt von der Hauptmarke trennen.«

Eine solche Trennung, die Aufgabe, den Prozess rückgängig zu machen, das bedeutet Sanierung der extremen Art. Warum? Weil Ihnen keiner glauben wird, was Sie sagen. Das Verhalten der letzten Jahre war ganz klar auf Gemeinsamkeit ausgerichtet. Und Sie können die Trennung der beiden Markensysteme auch gar nicht so schnell realisieren, dass man Ihnen Ihre

Absicht abnimmt. Sie brauchen mindestens ein Jahr härtester Anstrengungen, bis man Ihnen glaubt, dass die beiden Marken es jede für sich wirklich schaffen werden.

Zwei Marken im Wettbewerb

Wer sich eine zweite, preiswertere Marke ins Haus holt, sollte also vor allem wissen: Die so nahe liegenden und gerne gesuchten Synergieeffekte bergen immer die oben beschriebenen Gefahren der Markenangleichung. Darum gilt in solchen Situationen als oberster Grundsatz: die Marken von Anfang an streng trennen. Bei dieser Aufgabe können zwei Regeln helfen:

Registrieren Sie nach der Übernahme genau die jeweilige Genese und die Stärken der beiden Marken. Nehmen Sie sich vor allem die Nebenmarke vor. Hat sie wirklich Stärken, die sie eigenständig leben lassen? Diese Stärken sind zu analysieren und zu mobilisieren. Schreiben Sie schließlich in einem Regelwerk genau auf, wie die beiden Marken im Tagesgeschäft zu führen sind – und nicht nur in den »mission statements«.

Subventionieren Sie die Nebenmarke nicht. Sie muss sich selbst ihr Geld verdienen. Ich beobachte bei meinen Beratungen immer wieder die Bereitschaft, die Nebenmarke zu subventionieren. Sie darf zum Beispiel ein schlechteres Ergebnis bringen. Was heißt das? Dass der Preisabstand zur stärkeren Marke größer ist als der Performance-Abstand. Derart verfälschte Verhältnisse müssen das Ganze nach unten ziehen, da gibt es kein Entrinnen. Gelingt es freilich, die beiden Marken, trotz ihrer Zugehörigkeit zu einem Haus, wirklich getrennt zu führen, ist ihr Aufeinanderstoßen im Wettbewerb ungefährlich.

Abbildung 13 zeigt zwei Markenprodukte. Die Ausgangsmarke ist eine Index-100-Marke. Was ist damit gemeint? Top-Qualität, Top-Performance, Top-Power, und das Ganze mit dem Gegenwert des hohen Preises.

Wenn dieses Markenprodukt im freien Wettbewerb mit einem anderen Markenprodukt steht, das auf Index 80 ist, also 20 Prozent Differenz in Qualität und Wertschöpfungskraft aufweist, dann stehen diese Marken im Leistungswettbewerb. Auf der linken Seite wird die Produktleistung mehr im Mittelpunkt stehen, auf der rechten wird man stark mit dem Preisargument arbeiten.

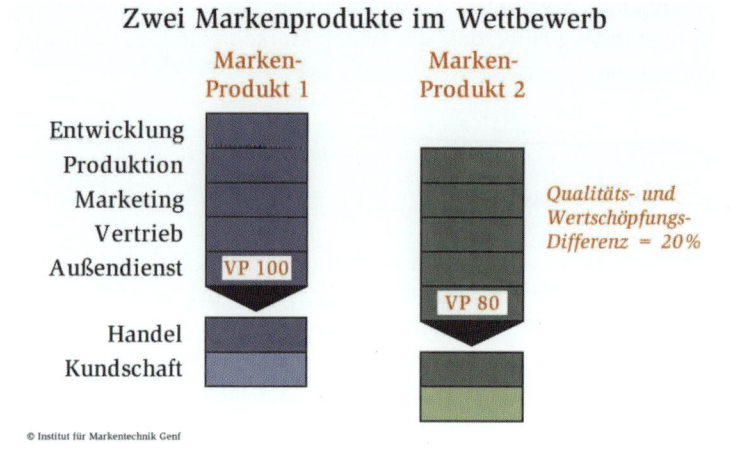

Abb. 13

Dass sich die beiden Marken, die aus einem Hause kommen, im Markt begegnen, ist völlig ungefährlich; das ist üblicher Wettbewerb. Die Index-100-Marke muss sich nicht beeindrucken lassen von einer Index-80-Marke. Sie sollte sich auch nicht dadurch irritieren lassen, dass die Index-80-Marke billiger ist. Sie wird – wenn sie als geschlossener Wirtschaftskörper geführt wird – mit ihren Argumenten, mit ihren Kräften sogar dafür sorgen, dass sie sich weiter nach oben entwickelt, sich noch deutlicher abgrenzt.

Und die preiswertere Marke kann in ihrem Segment ein gutes Geschäft machen. Im Übrigen kann sie tun, was sie will, sie steht mit der anderen im Leistungswettbewerb wie mit jeder externen. Und das Management ist zu jeder Zeit sicher, dass das Ergebnis, das die preiswertere Marke bringt, aus deren eigener Kraft erzielt wurde. In diesem Sinne ist das eigentliche Ziel erreicht: den Markt zweimal abzuschöpfen.

92

IV Der Markt

Jeden Tag ist Meisterschaft am Markt

Bisher habe ich Sie schon einige Manager-Zitate lesen lassen. Anonym. Und das aus gutem Grund. Denn was darin artikuliert wurde, ist unter dem Aspekt erfolgreicher Markenführung desaströs zu nennen. Wer sich in diesen Zitaten also selbst wiederfinden konnte, ist hoffentlich gestraft genug. Nun aber werden Ross und Reiter von mir beim Namen genannt, denn Manager dieses Typus scheinen mir einerseits mit der nötigen Entschlossenheit gegen destruktive Markttendenzen vorzugehen, andererseits aber auch mit selbstverständlicher Souveränität die Qualität ihrer Marke zu bewahren.

Das »Hamburger Abendblatt« druckte am 18. Juni 2002 unter der Überschrift »Fliegen wird teurer« ein Interview mit Lufthansa-Vorstandschef Jürgen Weber zum Thema der heftigen Angriffe durch Billigfluglinien à la Ryanair aus Irland oder EasyJet aus Großbritannien. Die Zeitung fragte ihn: »Wird die Lufthansa in die Ecke gedrängt?«

Weber: »Überhaupt nicht. (...) Dabei sind wir nicht hochnäsig und ignorieren die Entwicklung auch nicht. Ich habe aber noch keine Geschäftspläne gesehen, die Billigfluggesellschaften effektiv machen.«

»Abendblatt«: »Bekommt das Fliegen nun ein neues Image?«

Weber: »Tatsächlich besteht die Gefahr, dass das Image Schaden nimmt. Weil Fliegen in den Strudel des Schnäppchenjagens gerät – ausgelegt auf das einfachste, das billigste Reisen. Das kann für die Lufthansa nicht sein ...«

»Abendblatt«: »Wie reagiert Lufthansa auf Billigangebote?«

Weber: »Wir setzen auf Qualität und unser Netz. Wir entwickeln unser Preissystem weiter. Die einzelnen Angebote werden weiter aufgefächert. Wir wissen zum Beispiel, dass die Flugzeuge am Dienstagnachmittag am schwächsten ausgelastet sind. Deshalb werden wir dort die günstigsten Angebote machen. Das soll leere Sitze füllen und den Ertrag erhöhen.«

»Abendblatt«: »Wird Fliegen billiger?«

Weber: »Es kann nicht sein, dass die Industrie immer stärker in die Billig-preis-Hysterie verfällt. Irgendwann kommt der Punkt, an dem kein Geld mehr für Investitionen und Instandhaltung da ist und man die Frage nach der Sicherheit stellen muss. Nein, die Durchschnittspreise werden steigen ...«

Mein Bravo für dieses klare Wort ist dem Lufthansa-Chef sicher; aber gleichzeitig steht der Manager damit in krassem Gegensatz zur aktuellen Lehre. Deren Schlagwort (ich sollte es eigentlich nicht auch noch verbrei-ten helfen) lautet nämlich: »Der Markt wird zur Referenz für das Verhal-ten der Marke.«

Das falsche Programm, das hinter dieser Aussage steht, entspricht fataler-weise tatsächlich der aktuellen Managementlehre, dem Nonplusultra des Marketings: »Der Markt sagt uns, was wir zu tun haben.« Die Tatsache, dass nach dieser These jetzt allerorts gewerkelt wird, macht sie allerdings nicht richtiger.

Der Markt wird in den Unternehmen immer wieder zur Begründung unter-schiedlichster Maßnahmen oder Ergebnisse herangezogen, als ob eine lebendige Person dahinter stünde: eine geschlossene Gestalt mit eigenem Willen und schlüssigem Wissen. Der Markt scheint in diesen Unternehmen zum Verantwortlichen geworden zu sein. Er gibt die Marschrichtung vor und verfügt über die oberste Weisungsbefugnis.

Eine solche Person ist der Markt jedoch nicht. Der Markt ist das Umfeld, in dem sich die Unternehmen bewegen, und diesem Umfeld fehlt jede Ord-nung: Märkte sind gegenwärtig nicht mehr nach Branchen und Produktbe-reichen geordnet, sie stellen vielmehr ein branchen- und grenzüberschrei-tendes Chaos dar. Der Markt ist heute nichts anderes als die Summe aller Marktteilnehmer: Vom Billiganbieter mit Produkten der geringsten Qua-lität über den Produzenten mittelpreisiger Durchschnittsprodukte bis zum Qualitätshersteller mit exzellent vermarkteten, hoch qualitativen Marken-produkten.

Das Chaos des Marktes besteht aus unzähligen Teilnehmern, deren Absichten und Handlungsweisen überaus heterogen sind, da sie sich auf verschiedenen Marktebenen bewegen. Es gibt keine allgemein gültigen Regeln, die sich aus den Aktivitäten dieser Akteure ableiten ließen. Der

Markt ist demnach unmöglich in der Lage, einem Unternehmen eindeutige Vorgaben zu machen, da er zu keinem Zeitpunkt mit einer Stimme spricht.

In den Führungsetagen herrscht jedoch ein anderes Verständnis vom Markt vor; er wird nur selten als Summe seiner Teilnehmer erkannt. Ursprünglich stand »Markt« für die Konsumentenanforderungen, wenn von den zu berücksichtigenden Vorstellungen des Marktes die Rede war. Heute werden darunter hingegen Wettbewerb und Handel verstanden, die die Aktivitäten des Herstellers nachhaltig bestimmen.

Hinter der Aussage »Der Markt sagt uns, was wir zu tun haben« steht letztlich nichts anderes als folgende Ansicht: »Wettbewerb und Handel sagen uns, was wir zu tun haben.« Die Unternehmen orientieren sich also bei der Entwicklung ihrer Produkte sowie in der Preisfindung an der Konkurrenz und werden von den Forderungen der Händler gesteuert. Durch diese Orientierung an den Handlungsmustern der Wettbewerber entwickelt sich mit der Zeit dann ein systematischer, branchenübergreifender Anpassungsmechanismus: Die Produkte gleichen sich an, die Werbung gleicht sich an, die Preise gleichen sich an.

Nach und nach verschwinden auf diese Weise alle differenzierenden Faktoren im Vergleich mit den Konkurrenten. Die Produkte werden austauschbar! Austauschbare Produkte aber stärken die Verhandlungsposition des Handels immens: Ohne spezifische Markenleistung gibt es für ihn keinen zwingenden Grund, die Produkte eines bestimmten Unternehmens zu listen; sie können vielmehr problemlos durch Konkurrenzprodukte ersetzt werden. Die Artikel der Hersteller lassen sich unter solchen Umständen nur noch über hohe Konditionen in den Handel bringen. Mit anderen Worten: Der gesamte Konkurrenzkampf zwischen den Wettbewerbern reduziert sich nur noch auf den Preisvergleich, der dann immer neue Konditionenverhandlungen nach sich zieht.

Durch die systematische Anpassung an den Wettbewerb nehmen sich die Hersteller jegliches Pulver, jegliche Markenkraft – und werden so zum Spielball des Handels. Denn schwindende Markenkraft bedeutet immer auch schwindende Durchsetzungskraft und damit auch schwindende Ertragskraft – bis hin zum Exitus.

Eine natürliche Folge der Angleichungsentwicklung ist die weite Verbreitung des Benchmarking. Damit wird aus dem mehr oder weniger unbewusst ablaufenden Anpassungsprozess ein intendierter, bewusst gestalteter Vorgang: Die Stärkenprofile der Wettbewerber werden systematisch analysiert und zur Leistungsvorgabe für das eigene Handeln gemacht. Die Kräfte des Unternehmens konzentrieren sich so nicht mehr auf die eigenen Stärken, sondern arbeiten überwiegend daran, die Vorteile der Wettbewerber zu kopieren.

Die Kopie eines fremden Erfolgsmusters erreicht oder überflügelt aber niemals das Original. Die Ausrichtung am Stärkenprofil der Konkurrenten bewirkt im besten Falle eine Durchschnittsbildung über alle Beteiligten, die mit dem Begriff »Best Practice« umschrieben wird. Die beste Strategie für ein Unternehmen kann aber niemals etwas anderes sein, als die eigenen Leistungen immer profilierter und spezifischer zu gestalten. In den Bereichen, in denen ein Unternehmen sein Potenzial sieht, sind weitere Stärken aufzubauen, die das Unternehmen von den Wettbewerbern abgrenzen und seine Einzigartigkeit unterstreichen, denn der Weg an die Spitze der Konkurrenz führt ausschließlich über die rücksichtslose Verwirklichung des eigenen Konzepts.

Die Töne des Marktes sind das Sirengeheul unserer Zeit: Wer sich diesen Sirenen hingibt, wird zwangsläufig an den Klippen zerschellen. Das einzig probate Mittel kannte schon Odysseus: Ohren zu und auf eigenem Kurs bleiben! Es kann nur ein Vorhaben geben, das sich allerdings im marktgängigen Preiskampf nie erreichen lässt: nachhaltige Ertragskraft. Sie ist die einzige Definition für das Unternehmensziel. Denn damit ist man unter allen Umständen des Marktes auf der sicheren Seite. Aber sie ist nie endgültig, nie in vollen Maße erfüllbar; sie muss täglich neu erkämpft werden. Jeden Tag ist Meisterschaft am Markt. Die nachhaltige Ertragskraft muss deshalb täglich gesichert werden. Überall im Unternehmen. Und bloß nicht immer nach dem Umsatz schielen: Umsatz, Menge und Marktanteil sind ein Wettbewerbsspiel, das kein Manager originär bestimmen kann.

Die Spekulation, dass bei einer Preissenkung automatisch mehr Menge kommt und dazu noch mehr Gewinn – das ist typisches Hasardspiel. Stattdessen muss die erste Entscheidung lauten: Wir sind souverän. Wir lassen uns nicht mitreißen. Wir sind stärker als die schwachen Marktteilnehmer, die ihr Heil im Preis suchen und ihr Unglück dort ganz sicher finden werden. Deshalb lauten ab jetzt unsere Überzeugungen:

Widerstand gegen jede Preispoint-Diskussion.

Die Kalkulation und nicht die Konkurrenz bestimmt den Preis.

Alle Kraft den starken Gewinnbringern – bei der Manpower wie beim Werbebudget.

Kein Trend Trading. Starke Marken handeln selbstbestimmt. Sie sind nicht Empfänger, sie sind Sender. Und sie senden auf ihrer spezifischen Frequenz.

Werbekostenzuschüsse dürfen nur dort eingesetzt werden, wo der Handel für die Marke denkt und handelt.

Zum Markenführungs-Kerngebiet gehört die Konsumenten-Schnittstelle.

Sortiment, Distribution, Preis und Konditionen sind die strategischen Felder, auf denen das gesamte Unternehmen geschlossen und an einem Strang arbeiten muss – mit dem gemeinsamen Ziel der nachhaltigen Ertragskraft.

Die Distribution:
Man muss auch Nein sagen können

Der Sommer 2002 war in großen Teilen Deutschlands recht feucht – und für den überwiegenden Teil der Einzelhändler absolut verregnet; aber das lag nicht allein an der nassen Witterung, sondern vor allem an der eher tröpfelnden Bereitschaft der Konsumenten, das Portemonnaie zu zücken und es dann auch, bitte schön, zu öffnen. Die Umsätze brachen quer durch alle Branchen ein, wie man es seit Jahren nicht erlebt hatte, und die Volkswirtschaftsweisen blickten erst ratlos in die Runde und machten schließlich ein ganzes Bündel von Strukturproblemen für die Misere verantwortlich: Zum einen die Verbraucher-Verunsicherung durch die Euro-Einführung, dann das Desaster an den Aktienmärkten, die hohe Arbeitslosigkeit bzw. die Angst vor dem Arbeitsplatzverlust und schließlich die breitflächige politisch-finanzielle Misere der öffentlichen Haushalte, deren angestrengte Sparappelle natürlich irgendwann auch die ganz persönliche Konsumbereitschaft der Bürger tangierten.

Wo in aller Offenheit darüber diskutiert wird, ob die Renten überhaupt noch in ein paar Jahren bezahlbar sind, wo die Krankenkassenbeiträge nach oben, deren Leistungen nach unten weisen, wo Ökosteuer und Terrorsteuer das Autofahren wie das Rauchen zum Luxus werden ließen, da ist die Bereitschaft zu unbeschwertem Prassen einfach weniger ausgeprägt. Das alles mag zutreffend sein, und sicherlich kulminiert jeder dieser Aspekte wirklich in der zu beobachtenden Konsumzurückhaltung.

Wer sich aber, dem Wetter zum Trotz, doch mal zum Window-Shopping zwischen Ku'Damm, Neuhauser- oder Schadowstraße, zwischen Zeil, Schildergasse und Mönckebergstraße aufmachte, den erwartete schon Ende Juni (fünf Wochen vor dem SSV) eine Schaufensteranmutung, die jeden noch so spendablen Geist zur Zurückhaltung animierte – die Fenster waren nämlich entlang der Einkaufsboulevards aller deutschen Großstädte einträchtig identisch gestaltet: Es wimmelte von Prozentschildern, von Rabatthinweisen, von durchgestrichenen Preisen, von minus 50 Prozent bis minus 80 Prozent, und nirgends konnte man sicher sein, das eben erworbene »Schnäppchen« nicht doch noch um einen saftigen Wert preisgünstiger zu finden. Sollte man sich also freiwillig solchem Ärger ausliefern oder es lieber sein lassen?

Aber Halt! Etwas abseits der Kaufhauszeilen, in den feineren Adressen der nicht so überlaufenen Einkaufsmeilen, in den Spitzenlagen, herrschte verblüffende Ruhe, gewissermaßen »leise« Eleganz. Denn natürlich gibt es sie noch, die Refugien der happy few, die jenseits der Kathedralen des Konsums den Qualitäts-Aficionados zu Diensten sind und Bedürfnisse stillen, die sich nie und nimmer mit solchen marktschreierischen Prozentzeichen schmücken: Ob in den Versace-Shops, bei Cartier, bei Zegna oder Burberry's, bei Armani, Dior, bei den großen Juwelieren oder bei den Flagship-Stores der gar nicht so unbezahlbaren Marken zwischen Nike und Sony, ob Joop oder Godiva, Montblanc, Bally, Bucherer oder Escada, bei Lindt wie Hachez, bei Dallmayr, Davidoff oder Dunhill, bei KPM, YSL und Villeroy & Boch, überall steht gut geschultes Personal zu Diensten.

Hier werden Kaschmir-Qualitäten diskutiert, Wesselton-Töne oder fragile Fragrances – aber nie und nimmer Preise. Die Wertigkeit der angebotenen Produkte ist Käufern wie Verkäufern gleichermaßen geläufig, man verlangt eine erstklassige Qualität und bekommt sie – zu einem entsprechenden Preis und ohne Wenn und Aber. Das ist der feine Unterschied zwischen selbstbewusster Markendistribution und gedankenlosem Mengendenken.

Distribution gestalten

Eine Distribution muss immer aktiv zwischen Ubiquität und vollständiger Selektion gemanagt werden, und diese Gestaltung muss auf Grund eines ausgeprägten Produktbewusstseins erfolgen; die Frage heißt also: Welcher Grad der Erhältlichkeit ist am sinnvollsten für das eigene Produkt? Ubiquität ist dabei nicht von vornherein als Ideal aufzufassen. Denn man kann nicht grundsätzlich behaupten, dass es erstrebenswert sei, wenn das eigene Produkt überall erhältlich ist. Diese in einer vor Jahrzehnten formulierten Markendefinition aufgestellte Forderung ist unter den heutigen Bedingungen obsolet.

Entweder ist Ubiquität notwendig für eine Marke, d.h., ihr Produkt muss gemäß dem Prinzip des Unternehmens überall erhältlich sein wie zum Beispiel Coca-Cola (»in arms reach«) und die »Bild«-Zeitung, oder die Erhältlichkeit muss restriktiv gestaltet werden. Wobei gilt: Je hochwertiger ein Produkt ist, umso enger und spezifischer müssen normalerweise die Distributionsgrenzen gezogen werden.

Denn wenn ein Produkt, dessen Marketing gar keine Ubiquität verlangt, bei allen Händlern zu haben ist, wird sich kein Händler mehr in besonderer Weise für dieses Produkt einsetzen. Nur die Verdichtung der Distribution wird den Einsatz des Handels für dieses Produkt erreichen. Dabei bedarf es jedoch der Abstimmung und Auswahl, denn eine Distributionsverdichtung auf 50 Prozent Qualitätshändler und 50 Prozent Discounter wird kaum die gewünschten Handelsleistungen erbringen: Die strategische Kraft des Feldes Distribution entfaltet sich erst, wenn man bestimmten Händlern absagt und ihnen verdeutlicht, dass sie nicht zur Marke passen. Der Hersteller muss nach markenstrategischen Gesichtspunkten in Ruhe abwägen und auswählen, welche Händler er akzeptieren möchte. So wird die Selbstbestimmung realisiert, die Durchsetzung des eigenen Willens auf höchstem Niveau.

Dass die überwiegende Zahl der Hersteller auch qualitativ hoch stehender Produkte dieses Ziel für ihre Marke nicht erreicht haben, zeigt sich nicht nur in den »Schweinebauch-Anzeigen« der Verbrauchermärkte; es wird eben auch an den eingangs vorgeführten Rabattplakaten in den Schaufenstern von unzähligen Einzelhandelsgeschäften sichtbar, die man auf den ersten Blick durchaus zu den Qualitätshändlern zählen würde. Sie können dann auch noch Qualitätshändler für einige andere Hersteller sein. Wo aber das eigene Produkt unter Preis (also auch unter Wert) angeboten wird, da befindet man sich selbst im falschen Laden. Denn dort wird wertvolle Markenenergie vernichtet.

Ob jemand mit begrenzten Mitteln ein Unternehmen aus einer schwierigen Lage herausführen muss oder ob er mit seiner Marke gerade gut dasteht, immer sollte er die Markenwert-Entwicklung als Energiebilanz vor Augen haben. Weder dem Marketing noch dem Vertrieb sollte es erlaubt sein, Markenenergie zu verbrauchen. Alle müssen darauf verpflichtet werden, die Marke in ihrem Verantwortungsbereich selbstähnlich zu führen.

Deshalb darf der Fluss der Ware in die Distribution nicht außer Kontrolle geraten, und die Preise müssen den Wert der Produkte widerspiegeln, nicht die Aggressionslust irgendwelcher Händler. Das gilt übrigens nicht nur für das eigene Sortiment, sondern de facto ebenso für das Umfeld, in dem ein Händler meine Produkte vertreibt.

Um markenförderndes Verhalten zu instrumentieren, sollte der Unternehmensleiter mit bestem Beispiel vorangehen. Dabei muss er keine Heldentaten vollbringen wollen, sondern mit kühlem Kopf Tatsachen schaffen, deren symbolische Bedeutung jeder sofort versteht. Unter extremen Bedingungen darf es allerdings auch mal etwas »dicker kommen«: Ich habe seinerzeit, als ich die Unterhaltungselektronik-Marke Saba zu sanieren hatte, als Erstes einen der größten Saba-Händler der Republik von jedweder weiteren Belieferung ausgeschlossen und dies auch branchenweit publik gemacht: »Wegen Ramschens wird die Firma XY von Saba nicht mehr beliefert – und dies auf Lebenszeit!« Nur so konnte ich meinen Mitarbeitern und dem Markt klarmachen, dass die Traditionsmarke Saba einen enormen Wert repräsentiert, den man nicht von anderen verwirtschaften lassen darf. Den Verfechtern des Belieferungszwanges und des Diskriminierungsverbots war diese Maßnahme naturgemäß ein Dorn im Auge. Und sie ließ sich juristisch letztlich auch nur durchfechten, weil Saba die Entscheidung als »auf Lebenszeit« geltend deklariert hatte. Dies geschah also nicht aus Gründen der Theatralik, sondern mehr noch aus rechtlichen Gründen.

Wenn ein Marken-Schiff im Bermuda-Dreieck gefangen ist, kommt es ohne Kurskorrekturen in der Distribution nicht mehr aus der Gefahrenzone heraus. Allerdings sind gerade Eingriffe in die Distribution der mit Abstand sensibelste, aber auch der alles entscheidende Part einer qualitativen Neuausrichtung. Jede Bewegung in diesem Bereich wird mit Argusaugen beobachtet und steht unter Kontrolle der Justiz. Außerdem betrifft sie gewachsene menschliche Beziehungen und birgt emotionalen Sprengstoff. Während die Mitarbeiter des Herstellers in der Vergangenheit gewohnt waren, jeden potenziellen Abnehmer zu umwerben, geht es jetzt um die gezielte Einschränkung der Distribution. Es muss »Nein« gesagt werden. Geschäftsverbindungen müssen umgestellt werden, und damit wird auch die ganze Problematik der Umstellung eines opportunistischen Angebotsvertriebs auf ein geregeltes Vertriebsnetz sichtbar.

Wenn in dieser Phase irgendwo Fehler gemacht werden, können die Folgen kommerziell und juristisch verheerend sein (ich empfehle deshalb, zumindest die Schlüsselpersonen aus allen Unternehmensbereichen in diese Entwicklung frühzeitig einzubinden). Den Hoffnungen der potenziellen Vertragspartner auf schnelle Bereinigung der Fehldistribution stehen wirtschaftliche Zwänge gegenüber, denn je nach Grad der Fehldistribution muss mit einer Umstellungszeit von bis zu zwei oder gar drei Jahren gerechnet werden.

Das ist eine kritische Phase, in der Marktstörungen unvermeidbar sind, die gegen die Vertrauensbildung wirken. Hilfreich ist die sofortige Aufgabe der drastischsten Fälle der Fehldistribution, die ja meist auch im Blickpunkt des Marktes stehen. Die Trennung von solchen Abnehmern hat meiner Erfahrung nach zwar einen negativen Einfluss auf die Menge und den Marktanteil, aber wegen deren schlechter Erlösqualität einen direkten, positiven Effekt auf den Ertrag (dies gilt übrigens auch für die eventuell aufgegebenen Sortimentsteile, die nicht mehr in das neue Programm passen).

Marke ist Wertschöpfungskraft

Um den Zusammenhang einer nach Markeninteressen geordneten Distribution zu verstehen, muss man sich das kaufmännische Ziel vergegenwärtigen. Das Ziel ist nicht die Belieferung dieses oder jenes Händlers, je nach seiner Nachfragemacht oder nach Belieben des Vertriebs. Das Ziel ist die Gestaltung einer Wertschöpfungsgemeinschaft von Hersteller und Handel, die auf eine gemeinsame Kundschaft ausgerichtet ist.

Um es so weit zu bringen, muss allerdings geklärt sein, was hier mit Wertschöpfung gemeint ist. Der Begriff wird häufig missbräuchlich verwendet. So bekomme ich beispielsweise von Markenführern zu hören: »Die Wertschöpfung holen wir uns hinten ...« – womit gemeint ist, beim Rohstoff- oder Teilelieferanten. Auch die meisten Händler argumentieren inzwischen so: Wertschöpfung bestünde im Drücken der Einkaufspreise.

Richtig verstanden bedeutet Wertschöpfung jedoch, dass man durch seine Arbeit einen Wert schafft, für den man auf der nächsten Stufe, beim Abnehmer, in der Wertschöpfungskette den vollen Gegenwert einschließlich eines angemessenen Aufschlags erhält. Dieses Prinzip konsequent anzuwenden, ist elementare Voraussetzung für erfolgreiches Markenmanagement, denn der Wertschöpfungszusammenhang einer Marke reicht über viele Stufen vom Rohstoff bis hin zum zahlenden Kunden.

In jedem dieser Abschnitte gilt es, einen Mehrwert zu erarbeiten und damit Gewinn zu erzielen. Ein nachhaltig ertragsstarkes Markensystem bildet sich erst, wenn das Markenmanagement seine Rechte nutzt, um für die Geschäftspartner in den vor- und auch in den nachgelagerten Stufen Wertschöpfung zu ermöglichen. Der klassische Hersteller von Fertigprodukten verfügt dabei über eine besondere Position, denn er ist funktional in der Mitte der Kette angesiedelt und hat Mittel, mit denen er alle beteiligten

Stufen führen kann. Er hat traditionell die Strukturen wie auch das Know-how für die nachfolgenden Vermarktungsstufen und die vorgeschalteten Produktionsstufen aufgebaut. Durch seine eigene Entwicklung und Produktion hat er eine Expertise entwickelt, mit der er über die reine Einkaufsfunktion hinaus auch professionelle Vorgaben machen und unterstützend (aber auch fordernd) in die Prozesse eingreifen kann: Mit diesem Know-how gibt er die Standards für seine Marke vor.

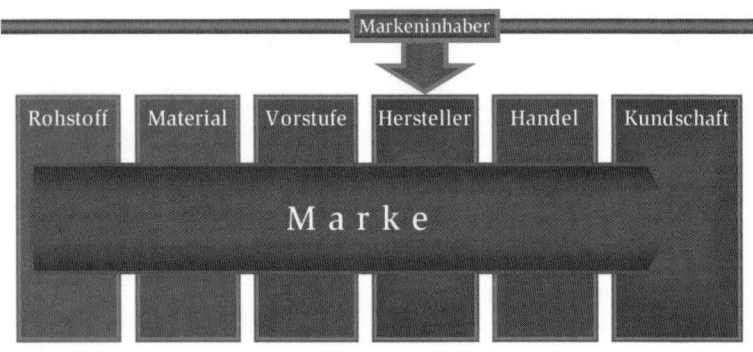

Abb. 14

Auf der anderen Seite der Wertschöpfungskette verfügt der Hersteller über eine Marketing- und Vertriebsorganisation, mit der er direkt und indirekt bis zum Publikum durchgreifen und so die Beziehungen zur Kundschaft nach den jeweiligen Anforderungen gestalten kann: Absatzlandschaft und Kommunikationsmittel der Marke können von ihm je nach den Erfordernissen direkt wie indirekt auf die Vermarktung der Produkte zugeschnitten werden.

Im Einflussbereich des Bermuda-Dreiecks allerdings lassen immer mehr Hersteller die Zusammenarbeit mit dem Handel zu einer anspruchslosen Einkaufs-/Verkaufsbeziehung und zu einer bloßen Logistikkette verkommen, die nicht mehr auf die Marke einzahlt. Auf diese Weise verlieren sie ihre übergeordnete wirtschaftliche Verantwortung und ihren strategischen Durchgriff auf die Marke. Da es – in der Breite des Marktes gesehen –

keine andere Stufe in der Wertschöpfungskette mit entsprechend durchgeschalteter Expertise gibt, kann das so entstehende Vakuum jedoch von keiner anderen Stufe mit gleichem Wirkungsgrad übernommen werden. Die Folge ist ein Ertragsverfall für alle Beteiligten mit anschließender qualitativer Abrüstung der Produkte, wie auch ein steigendes Konfliktpotenzial innerhalb der Wertschöpfungskette.

Sie erscheint heute unter dem Druck des Verdrängungswettbewerbs in zwei Sphären geteilt: hier die Herstellungskette, dort der Handel (und die Handelskette).

Der gemeinsame Kunde wird dabei von beiden Seiten zunehmend als eine statistische Größe gesehen und als »Letztverbraucher« entsprechend behandelt. Seine tatsächlichen Interessen (Qualität, Zuverlässigkeit, Vertrauen, Wertsicherung, Service etc.) gehen in einem Vernichtungswettbewerb unter, in dessen Mittelpunkt es nur noch um Preis-, Kosten- und – daraus resultierend – um Leistungsreduzierungen geht. Statt gemeinsamer Interessen herrscht jetzt ein Verteilungskampf um den immer kleiner werdenden Rendite-Kuchen.

Für die Marken hat sich damit die Ausgangslage verändert: Mitten in der Wertschöpfungskette wird der Energiefluss der Marke beim Übergang vom

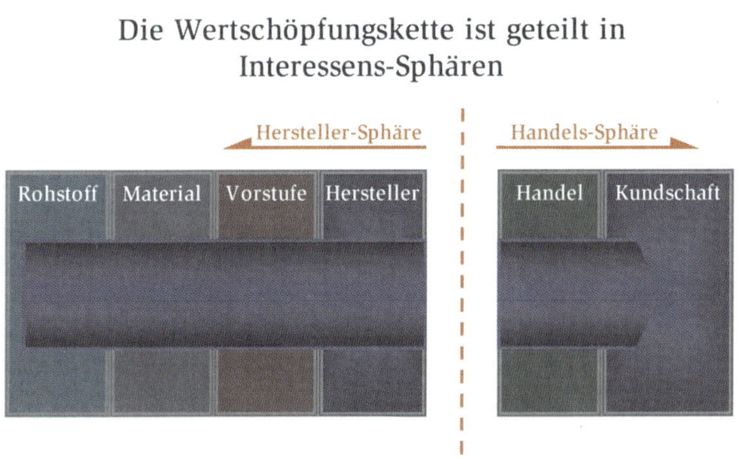

Die Wertschöpfungskette ist geteilt in Interessens-Sphären

Hersteller-Sphäre   Handels-Sphäre

| Rohstoff | Material | Vorstufe | Hersteller | | Handel | Kundschaft |

© Institut für Markentechnik Genf

Abb. 15

Hersteller zum Handel durch einen immer tiefer werdenden Graben unterbrochen – der Handel verselbstständigt sich im Umgang mit den Marken; tagesgeschäftliche Interessen bestimmen den Umgang mit ihnen. Und da der Handel außerdem in Sortimenten denkt, werden die Marken zu kategoriellen Sortimentsteilen und immer häufiger kurzfristigen Zielen in einer Preisschlacht geopfert.

Was bei einer Neuordnung zu beachten ist

Der Hersteller ist als Markeninhaber aber für den wirtschaftlichen Erfolg der gesamten Wertschöpfungskette verantwortlich. Geradezu aberwitzig mutet es an, wenn ein großer Markenartikler erklärt, eine starke Marke erkenne man daran, dass der Handel sie führt, obwohl er nichts an ihr verdient. Wenn die Lebenskraft des Markensystems derart gefährdet wird, ist ein Hersteller im eigenen Interesse und ebenso im Interesse seiner Geschäftspartner, letztlich auch im Interesse seiner Kunden, einzugreifen verpflichtet. Strategische Optionen für ein solches Eingreifen stehen genug zur Verfügung (notfalls bis zur Kommissionierung der Ware), und die gegenwärtige Ergebnissituation sollte für den Handel eigentlich Grund genug sein, jede ernsthafte Initiative zu unterstützen.

Erste Voraussetzung für ein solches Eingreifen ist freilich, dass sich die Marke von bereits erkennbaren Schwächen befreit und ihr genetisches Erfolgsmuster regeneriert: Sie muss ihre Energien und ihre Beziehungen zur Kundschaft mobilisieren. Dieser Prozess kann im strategischen Feld »Sortiment« sofort eingeleitet werden. Denn hier muss der Hersteller auf die Handelslandschaft kaum Rücksicht nehmen; ja er kann sogar damit rechnen, dass seine Absatzpartner sortimentsbereinigende Maßnahmen mit Erleichterung aufnehmen.

Die zweite, weitaus schwierigere Voraussetzung ist der Wille, die Absatzlandschaft umzugestalten. Absatzmittler, von denen anzunehmen ist, dass sie nicht die Qualität und Wertschöpfungskraft der Marke vertreten, wird man mit diesem Problem und den Absichten des Markeninhabers konfrontieren müssen. Und bevor man aus einer solchen Beziehung aussteigt, wird man auf die simple Einsicht hinarbeiten, dass jeder Händler doch Marken braucht, mit denen er Geld verdient. Je härter sein Wettbewerb, umso dringlicher sind für ihn derartige Ertragsbringer im Sortiment.

Auch wenn die Händler es gerne sähen, kann dieses Ertragsversprechen nicht dadurch eingelöst werden, dass man für ihn exklusiv Produkte oder Formate herstellt, die ihn der Vergleichbarkeit entziehen. Leider hat sich mancher Hersteller bereits auf dieses Bauchladen-Niveau herabgelassen, wenn seine Außendienstler den Einkäufer fragen: »Was hätten Sie denn heute gern? Brauchen Sie ein neues Produkt? Hätten Sie gern ein Sonderangebot? Wir hätten da auch noch eine Zweitmarke, falls es etwas billiger sein soll.« Die Bestimmung eines Industrieunternehmens kann nicht in der Erfüllung von Händlerwünschen liegen, es muss vielmehr eine Prozesskette in Gang setzen, die von der Idee über die Entwicklung, die Produktion, den Vertrieb und den Handel bis zur Kundschaft läuft und so häufig wie nur eben möglich reproduziert wird. Es ist auch keine Heldentat des Vertriebs, wenn er in der Fabrik Forderungen nach Sonderprodukten durchsetzt und die Produktionsmanager ständig »zaubern« lässt.

Nein, dem Handel eine ertragsstarke Marke zu versprechen, verlangt mehr vom Hersteller; es fällt als strategische Aufgabe an ihn selbst zurück. Zunächst muss er wissen, dass die Händler in dieser Angelegenheit oft genug enttäuscht worden sind. Sie hatten sich bereit erklärt, eine Marke wertgerecht zu präsentieren und zu verkaufen. Und mussten schließlich feststellen, dass andere Händler sich daran nicht hielten und auch nicht halten mussten, weil ihnen der Vertrieb andere Konditionen eingeräumt hatte. Es wird immer wieder behauptet, Händler würden aus eigenen Stücken und zu eigenen Lasten die Preise senken. Meine Erfahrung ist eine andere: Hinter Niedrigpreisen habe ich bei genauem Hinsehen immer proportional entsprechende Zugeständnisse des Lieferanten gefunden. Um diesen Zusammenhang zu durchschauen, muss man allerdings ziemlich rücksichtslos alle Rabatte, Konditionen und Sonderzuwendungen in einem Vertriebsapparat durchleuchtet haben; eine Spurensuche, bei der man überraschende Widerstände bis in die oberen Etagen hinauf erlebt.

Um Händler für eine Wertschöpfungsgemeinschaft zu gewinnen, müssen diese vor allem die Zuversicht haben, dass der Hersteller selbst seine gesamte Distribution unter Kontrolle bringt und das Prinzip der Gleichbehandlung durchsetzt. Dann sind sie erfahrungsgemäß auch mitzumachen bereit. Es bedarf also eines überzeugenden und angesichts der Realitäten des Marktes und der Rechtsprechung plausiblen Konzepts für die markengerechte Gestaltung der Distribution. Jede Strategie, die diesen Anspruch nicht erfüllt, ist von vornherein zum Scheitern verurteilt. Händler zeigen sich dabei durchaus bereit, Übergangsfristen einzuräumen. Denn auch sie wissen, welche Herkulesaufgabe ansteht. Sie müssen nur alsbald erkennen können, dass der Markenanbieter den Willen hat und über die Kräfte verfügt, sein Konzept tatsächlich durchzusetzen.

Man kann sich die Aufgabe gar nicht schwierig genug vorstellen. Denn das kaufmännische Verhalten des Herstellers muss umso homogener sein, je heterogener sich die Absatzlandschaft einer Marke darstellt. Ich beobachte immer wieder, dass Marken, die die Grenzen ihrer angestammten Distribution überschreiten, sich den Usancen und vermeintlichen Bedingungen der neuen Umgebung anpassen. Diese Unternehmen akzeptieren oftmals in vorauseilendem Gehorsam und in Erwartung hoher Absatzmengen, dass beispielsweise Handelsketten die Spielregeln vorgeben und dass den Hersteller die weitere Vermarktung nichts anginge. Dieses Fehlverhalten hat bereits viele gute Marken in verschiedenen Branchen um ihre Ertragskraft gebracht und zudem eine gefährliche Positionierungsschieflage zwischen gepflegten, hochpreisigen und Billigkanälen zur Folge.

Einen Markt in zwei »Welten« zu teilen – eine gehobene Positionierung und eine billige –, ist für eine Marke erfahrungsgemäß ein unhaltbarer Zustand. Denn die Kundschaft erwartet unter dem »guten Namen« einer Marke ein homogenes, stimmiges Angebot. Dauerhafte und offensichtliche Positionierungsdifferenzen bedrohen die Wertposition und das Ansehen. Zudem entstehen durch die Ausweitung der Distribution komplexe Beziehungen zwischen den Absatzmittlern (beispielsweise C&C, Großhandel, Fachhandel oder Gastronomie). Sie können nur gesteuert werden, wenn die Schere zwischen den Kanälen nicht zu weit auseinander klafft (bezüglich Einkaufspreis und Präsentation) und eventuelle Unterschiede für alle Beteiligten nachvollziehbar und akzeptabel sind.

Auch bei räumlicher Ausdehnung droht die Spreizung des Auftritts der Marke. Handelsketten sind innerhalb der europäischen Länder und auch grenzübergreifend zunehmend miteinander vernetzt. Eine isolierte Sichtweise ist daher nicht mehr adäquat; vielmehr müssen die Konsequenzen und potenziellen Gefahren bereits im Vorfeld bewertet werden. Die Expansion in neue Märkte ist kein »Neustart«. Denn Händler orientieren sich bei der Bewertung potenzieller Marken ihres Sortiments grundsätzlich an der Situation in anderen Märkten. Schieflagen im Heimmarkt oder in anderen zuvor erschlossenen Ländern werden vom Handel auch in den neuen Gebieten ausgenutzt. Schwache Markenkraft, Niedrigpreise und ausgeuferte Konditionen werden somit – ungewollt – in neue Märkte »exportiert«. Entsprechend multiplizieren sich Abweichungen und Fehlsteuerungen, die zusehends schwieriger rückgängig zu machen sind.

Den Mut zu einer Neuordnung in Richtung Homogenität darf man durchaus aus Fällen schöpfen, in denen einer Marke dieses Kunststück gelungen ist. Man sollte sie nicht immer nur als Sonderfälle abtun, sondern sich lieber daran orientieren, mit welchen Strategien sie sich von der Gesamtentwicklung abgesetzt haben. Hervorragende Beispiele sind beispielsweise Miele und der Zahncreme-Hersteller GABA mit seinen Marken elmex und aronal, die Shampoo-Marke Guhl oder die deutschen Premium-Biermarken. Sie haben es geschafft, selbst bei breitester Distribution (teils bis in den Discount hinein) eine Position aufzubauen, die es den Händlern von selbst, im eigenen Interesse, verbietet, sich an diesem Wert zu versündigen. Jeder kennt die Haltung dieser Hersteller.

Prinzipien und Strategien

Für die Gestaltung bzw. die Umgestaltung der Distribution empfehle ich die Beachtung folgender Prinzipien und Strategien:

Stellen Sie sicher, dass Ihre Distribution keine »offene« Veranstaltung ist, bei der jeder jederzeit dabei sein kann. Wenn jeder auch ohne Engagement von der Marke profitieren darf, entsteht keine Dynamik.

Die Zusammenarbeit mit den Handelspartnern knüpfen Sie an verbindliche Regeln und Bedingungen. Basis ist immer das Prinzip von Leistung und Gegenleistung. Prinzipiell stehen dabei zwei Formen der Selektion zur Verfügung: Sie stellen objektive, von neutraler Seite überprüfbare Kriterien auf, die ein Händler erfüllen muss, um mit Ihrer Marke Geschäfte zu machen. Oder Sie unterscheiden zwischen Händlern, die von Ihnen besonders gefördert werden, weil sie sich nachhaltig zur Zusammenarbeit bekennen, und jenen, die sich nicht engagieren.

Die angestrebte Wertschöpfungsgemeinschaft sollte für jeden Marktteilnehmer so lange offen bleiben, bis er sich definitiv oder durch Leistungsverweigerung dagegen entschieden hat.

Schaffen Sie auf der Handelsseite gezielt ein »Drinnen« und ein »Draußen«: zwischen Gewinnern und Verlierern. Diese Differenz dynamisiert Ihre Strategie, weil die Händler sich unweigerlich untereinander im Wettbewerb sehen. Jene Händler, die es geschafft haben, dabei zu sein, können sich noch weiter von ihren Konkurrenten absetzen; sie sind Teil einer wirtschaftlich erstarkenden Gemeinschaft. Die anderen müssen ihre Zukunft nach dem bekannten (bisher erfolglosen) Muster fluktuierender Geschäftsparameter – auf sich allein gestellt – meistern. Dies steigert die Attraktivität der Wertschöpfungsgemeinschaft und führt zu einer Mobilisierung der Verkaufskräfte.

Weil Händler auf Risiken stärker reagieren als auf Chancen, müssen Sie allen von Anfang an beides vor Augen halten. Stellen Sie den Ertragschancen, die Ihre Marke den Partnern bietet, als Risiken die Zugangsbeschränkungen und Ausschlusskriterien gegenüber. Jedem Händler muss die Gefahr bewusst sein, mangels Leistung den Einstieg zu verpassen.

Die Branche wird am besten von vornherein durch Pressemitteilungen, Briefe und Einzelgespräche über die Selektionsziele informiert. Damit setzen Sie einen Prozess in Gang, der die Selbstorganisationskräfte mobilisiert.

Definieren Sie Zielpartner intern, aber veröffentlichen Sie sie nicht. Weihen Sie lediglich einen ausgewählten Kreis von Abnehmern vorab ein. Diese werden nach Umsatz, zukünftigem Potenzial und nationaler/regionaler Bedeutung ausgewählt. Auch der Gesichtspunkt »Meinungsbildner« spielt dabei eine Rolle. Damit erreichen Sie, dass die Ziele des Systems und seine Perspektiven im Markt lanciert werden (von Kollege zu Kollege).

Für die aktive Gestaltung der Distribution empfehle ich am Ende immer eines: absolute Transparenz des eigenen Marktverhaltens bis hin zum Konditionenschema. Es sollte den eigenen Mitarbeitern und den Marktpartnern bewusst sein, dass die Marke bei Fehlverhalten von Vertragspartnern mit eiserner Konsequenz vorgeht. Nur auf diesem Wege sind die lebenserhaltenden Distributionsstrukturen eines Markensystems auf Dauer zu sichern. Dass man dabei nicht auf Unterstützung aus der eigenen Branche rechnen darf, sollte in Verdrängungsmärkten jedem klar sein. Insofern bleibt eigentlich kein besserer Weg für die eigene Marke, als sich zum »Sonderfall« zu entwickeln, auf den die üblichen, markenschädigenden Regeln nicht zutreffen.

Preise und Konditionen: Selbstbewusstsein zeigen

Für den Käufer ist der Preis der wichtigste Wertindikator eines Produktes. Dies gilt unter den heutigen Marktbedingungen mehr denn je – auch wenn es für viele überraschend klingen mag. Woran sonst kann der Konsument heute noch den Wert eines Produktes erkennen? Am äußeren Erscheinungsbild kann man die inneren Werte der Produkte längst nicht mehr ablesen. Hochwertige Produkte werden inzwischen zu niedrigsten Preisen vermarktet. Umgekehrt erlauben es neue technische Verfahren für Massenproduktion und Automatisierung, auch wertlosen Produkten ein schönes Kleid und vielleicht sogar eine Schmuckverpackung zu spendieren. Im Lebensmittelbereich wirken minderwertige, chemisch behandelte Produkte oft schöner als naturbelassene mit entsprechendem Nährwert.

Kalkulationsunsicherheit

Qualitätsmarken haben also in erster Linie über den höheren Preis die Möglichkeit, sich zu differenzieren. Tatsächlich ist es aber heutzutage so, dass niedrige Preise und Aktionen als Leistungsbeweise des Unternehmens dargestellt sowie Umsätze und Marktanteile als Ergebnis gefeiert werden. Das eigentlich kaufmännische Ergebnis eines ganzen Jahres hektischer Aktivitäten wird mit dem eigenen Marktverhalten nur selten in Zusammenhang gebracht. Das Geld in der Kasse – Gewinne oder Verluste – wird eher als Sache der Finanzmanager (oder der Banken?) gesehen.

Hier ist ein Mechanismus selbstverständlich geworden, an dem alle Marktteilnehmer (Hersteller und Handel) gleichermaßen beteiligt sind, für den sich aber niemand verantwortlich fühlt. Die Kalkulation ist für Hersteller wie Händler gleichermaßen unsicher geworden. In dieser Unsicherheit liegt das ganze Geheimnis des Werte- und Preisverfalls in den heutigen Märkten. Juristisch gesehen hat heute kein Hersteller mehr die Preishoheit über seine Produkte; d.h., er kann den Wert seiner Produkte im Markt (beim Handel) nicht durch direkten Eingriff sicherstellen. Ihm fehlt also eine verlässliche Rechenbasis für den »Payback« seiner Investitionen in eine überlegene Produktqualität. Das fördert nicht gerade den Mut zu derartigen Ausgaben; aus diesem Grund wird lieber qualitativ abgerüstet und rationalisiert. Die Wertschöpfung geht zurück, und Markenwerte werden vernichtet. Ein volkswirtschaftlicher Fehler, für den wir heute nicht nur mit Arbeitsplatz-Export zahlen; und bis auf weiteres ist dieser Fehler Rahmenbedingung für den Unternehmer.

Nicht der Markt, sondern der Markenführer ist verantwortlich

Der Markenführer, und das wäre ein erster Schritt aus der desolaten Lage, muss jedem seiner Abnehmer – gerade in unsicheren Zeiten – Kalkulationssicherheit geben, und das fängt bei seinem eigenen Preis- und Konditionenverhalten an. Natürlich führt ein heterogenes Leistungsspektrum im Handel zu heterogenem Preisverhalten. Wenn aber die Einkaufskonditionen leistungsgerecht definiert sind, dann wird dadurch die Bewegungsfreiheit kaufmännisch limitiert.

Was man dem Handel gibt, kommt beim Endverbraucherpreis wieder heraus. Dass diese (natürliche) Korrelation kaum mehr gesehen wird, habe ich in meinen Sanierungsfällen und während meiner Beratungsarbeit in den verschiedensten Branchen immer wieder festgestellt. Tatsächlich wird dieser Zusammenhang immer dann sichtbar, wenn alle Sonderkonditionen und Zuwendungen einbezogen werden, die außerhalb des Konditionensystems noch zusätzlich verteilt wurden. Wir wissen, dass sich jeder Einkaufsvorteil des Handels ablesbar auf die Verbraucherpreise überträgt (wobei übrigens jeder nach unten abweichende Preis wiederum die Einkaufskonditionen bei den »Benachteiligten« in Bewegung bringt).

Sehen wir uns einmal einen Kalkulationsvergleich über drei marktgängige Handelstypen an:

Der *Handelstyp A* sorgt für wertgerechte Vermarktung der ihm anvertrauten Markenprodukte. Er erfüllt die markenstärkenden Qualitätskriterien bzgl. Standort, Geschäftsausstattung, Warenpräsentation, Sortimentsqualität und -breite sowie der Bedienung, der Beratung und des Service.

Der *Handelstyp C* vertritt eine pure Preisstrategie: Er hat seine Kosten auf das Minimum reduziert, die Logistik bestens organisiert, das Sortiment auf Schnelldreher zusammengestrichen und ist so in der Lage, mit geringstem

Aufwand und schnellem Umschlag große Mengen abzusetzen. Für Markenpflege werden keine Leistungen erbracht, sie sind auch nicht einkalkuliert.

Der *Handelstyp B* repräsentiert einen aktuell weit verbreiteten Typus. Sein Geschäft ist als Markenanbieter angelegt; die Kostenstruktur liegt dem Handelstyp A näher als C. Er lässt sich allerdings die Spielregeln von C aufdrücken und kommt zunehmend in die Kosten-/Erlös-Schere. Sein Qualitätsprofil verschwimmt mit fortschreitender qualitativer Abrüstung – somit trägt sein Verhalten zur Verunsicherung der Markenhersteller und der Kundschaft bei.

Das folgende Kalkulationsbeispiel veranschaulicht die Wertminderung eines Markenprodukts durch einen Händler des Typs C. Der Marktwert des Produkts liegt – unter Einbeziehung aller qualitativen Zusatzleistungen – bei GE (Geldeinheiten) 24,95 (Handelstyp A). Handelstyp C verkauft das Produkt für GE 19,95. Es ist kein Geheimnis: Handelstyp C steht für den Discounter.

Händlertyp	A	B	C
EVP inkl. (15%) MwSt. (GE)	24,95	22,95	19,95
EVP o. MwSt. = 100	21,70	19,96	17,35
Handelsrabatt in %	22,6	–	–
Sollkalkulation (A) ergibt Handelspreisliste (GE)	16,80	16,80	16,80
Handelsmarge I in %	22,6	15,8	3,2

Tab. 1: Kalkulation entsprechend dem Konditionensystem des Herstellers (Beispiel in GE = Geldeinheiten)

Auf Basis der Handelspreisliste (GE 16,80) müsste man zu dem Schluss kommen, dass der Discounter seine aggressiven Preise selbst subventioniert. Denn die Marge von 3,2 Prozent ist sicher nicht kostendeckend. Im Allgemeinen wird unterstellt, dass die Folgekonditionen im Rahmen des Üblichen liegen.

Tabelle 2 zeigt die Folgekonditionen laut Konditionensystem in unserem Beispiel (4,5 bis 8,5 Prozent). Die Konditionen im Markt sind weitgehend umsatzabhängig aufgebaut; qualitative Konditionenanteile sind noch eher selten oder deren einst vereinbarte Gegenleistungen werden in der Praxis nicht durchgesetzt.

Händlertyp	A	B	C
EVP inkl. (15%) MwSt. (GE)	24,95	22,95	19,95
EVP o. MwSt. = 100	21,70	19,96	17,35
Handelsrabatt in %	22,6	–	–
Sollkalkulation (A) ergibt Handelspreisliste (GE)	16,80	16,80	16,80
Handelsmarge I in %	22,6	15,8	3,2
Konditionen (im System) in %	4,5	6,5	8,5
EK nach Konditionen (GE)	16,04	15,71	15,37
Handelsmarge II in %	26,1	21,3	11,4

Tab. 2: Kalkulation unter Einbeziehung der Folgekonditionen
(Beispiel in GE = Geldeinheiten)

Somit realisiert der Discounter hier bereits mit der Spitzenkondition von 8,5 Prozent seinen Volumenvorteil. Unterstellen wir einmal, seine Marge von nunmehr 11,4 Prozent sei kostendeckend (eine zulässige Annahme), dann bedeutet das, dass der Hersteller bereits auf diesem Einkaufslevel die aggressiven Verkaufspreise möglich macht.

Handelsorganisationen des Typs C sind denn auch der Meinung, auf diese Weise ihre Kosten- und Leistungsfähigkeit zeigen zu müssen. Hier sollten sich eigentlich die Geister der Markenhersteller von denen solcher Handelsorganisationen scheiden. Denn das Dargestellte macht deutlich, dass der Marktwert eines Markenprodukts von der Kostenstruktur bestimmter Absatzmittler bestimmt wird. Das wird aber den erheblichen Investitionen des Herstellers und seiner anderen Handelspartner in Qualität und Vermarktung der Produkte nicht annähernd gerecht.

Begonnen wurde die Zusammenarbeit meist mit guten Vorsätzen. Die Discounter haben sich zunächst als Kapazitätslücken-Füller für Restposten und Überproduktion angeboten. Der Markt sollte durch deren Vermarktung nicht »gestört« werden. Beide Seiten waren darauf bedacht, das Geschäft ruhig und unauffällig abzuwickeln. Die Discounter waren froh, gute Marken in ihr Sortiment zu bekommen. Mit steigenden Überkapazitäten wurden dann aber die Ventile zum »Abnehmer in der Not« voll aufgedreht. Auf Grund der großen Volumina war das Geschäft problemlos und verursachte geringsten Akquisitions- und Logistikaufwand. Discounter entwickelten sich zum »größten Kunden« und zum expansivsten Absatzkanal.

Die damit gegebene Umsatzabhängigkeit vieler Hersteller kehrte nun die Interessenlage auf gefährliche Weise um. Über große Zeiträume – von Jahresgespräch zu Jahresgespräch – entwickelte sich ein Konditionendiktat der Discounter. Denn mit bloßen 11,4 Prozent Handelsmarge ließ sich – trotz niedriger Kosten – die angestrebte Flächenexpansion nicht finanzieren. Die Zuwendungen von Seiten der Hersteller stiegen.

Händlertyp	A	B	C
EVP inkl. (15%) MwSt. (GE)	24,95	22,95	19,95
EVP o. MwSt. = 100	21,70	19,96	17,35
Handelsrabatt in %	22,6	–	–
Sollkalkulation (A) ergibt Handelspreisliste (GE)	16,80	16,80	16,80
Handelsmarge I in %	22,6	15,8	3,2
Konditionen (im System) in %	4,5	6,5	8,5
EK nach Konditionen (GE)	16,04	15,71	15,37
Handelsmarge II in %	26,1	21,3	11,4
Sonderkonditionen, Werbekostenzuschüsse etc. in %	0,5	2,0	13,6
EK Netto vor Skonto (GE)	15,96	15,40	13,28
Handelsmarge III in %	26,5	22,9	23,5

Tab. 3: Kalkulation unter Einbeziehung aller Sonderkonditionen, Werbekostenzuschüsse und weiterer Zuwendungen

Inklusive aller Sonderkonditionen kommt unser Beispiel-Discounter nunmehr auf eine Gesamtmarge von 23,5 Prozent. Tatsächlich also subventionieren Hersteller in dieser Zwangslage nicht nur die aggressiven EVP, sondern finanzieren auch die Expansion und die oft zitierte (aber nicht selbsttragende) »Marktmacht« der Discounter – und damit die Zerstörung ihrer eigenen Marken. Denn die Discounter werden so in die Lage versetzt, immer mehr Marktvolumen zu Billigstpreisen abzuziehen, wodurch das gepflegte Markengeschäft noch weiter verdrängt und der Kapazitätsüberschuss im Markenlager immer größer wird. Eine Spirale ohne Ende, in die folglich auch Unternehmen hineingezogen werden, die bisher erfolgreich ihre Markenwerte verteidigt haben – entweder durch Abstinenz oder durch leistungsgerechte Konditionen.

Marken werden von (vermeintlichen) wirtschaftlichen Zwängen geführt

Der Mechanismus wird also von Zwängen in Bewegung gehalten, in die sich Hersteller selbst hineinmanövriert haben. Obwohl im Marketing immer wieder als die bestimmende Größe zitiert, stellt der Verbraucher in diesem Spiel die geringste Einflussgröße dar. Die Konzepte der Hersteller sind zunehmend darauf angelegt, Forderungen des Handels zu erfüllen. So entstehen mit jeder Verhandlungsrunde neue Varianten, denn die einzelnen Handelsgruppen nehmen sich natürlich jedes Jahr neue Angriffspunkte vor. Folge: Die Konzepte sind nicht mehr strategisch, sondern situativ angelegt. Leistungen und Gegenleistungen laufen immer mehr auseinander. Bei den Herstellern sind alle Flanken offen.

Man muss weder eine übermächtige Handelsgruppe noch ein starker Verhandlungspartner sein, um Angriffspunkte auszumachen und diese für sich zu nutzen. Dazu kommen weitere hausgemachte Schwächungen der Ausgangsposition: Zweit- und Handelsmarken, die nicht sorgfältig von der Hauptmarke getrennt geführt werden, oftmals bei niedrigerem Preis die gleiche Produktqualität oder sogar identische Produkte anbieten. Oder schwache Produkte aus der »Line-Extender-Welle«, die künstlich am Leben erhalten werden (mit schwachen Argumenten und dementsprechend niedrigen Preisen, folglich hohen Konditionen und Einlistungskosten).

Die Flucht in die Umsatzsteigerung und das Drehen an der Kostenschraube sind kein Ausweg. Solche Aktivitäten laufen unweigerlich in die Begrenzung. Rationalisierungs- und Effizienzprogramme bieten keinen nachhaltigen Wettbewerbsvorteil; sie sind austauschbar und können von außen eingekauft werden. Hat eine Branche ihre Kostenreserven realisiert, schlägt die auf Dauer unvermeidbare Kostenprogression zu. Und was dann?

Kalkulationsprinzip

Der Ausstieg aus diesen Zwängen und Ausweichmanövern führt über ein Kalkulationsprinzip, mit dem die Markenhersteller die Initiative für eine selbstbestimmte Preispolitik und für ein System leistungsfördernder Konditionen zurückgewinnen.

Aus Erfahrung rate ich davon ab, den so genannten Markt als Referenz für die eigene Kalkulation heranzuziehen. Die heutigen Märkte sind heterogen, und die Erfassung der Konkurrenzdaten hat sich in der Praxis als äußerst unsicher erwiesen; zusätzlich sind die Preise und Konditionen in den meisten Märkten ständig in Bewegung, und zwar nach unten. Unter den heutigen extremen Wettbewerbsbedingungen erlaubt oft schon eine vom Markt abgeleitete Schnittkalkulation keinen Gewinn mehr und wird so der eigenen Unternehmens- bzw. Markenleistung nicht gerecht.

Ich empfehle daher, die Kalkulation auf die eigenen Kosten und im Sinne der eigenen Unternehmensziele aufzubauen. Nur diese Daten sind »hart« und reflektieren die Leistungsfähigkeit des eigenen Unternehmens. Zweifel an der eigenen Leistungsfähigkeit sollten sich nicht in der Kalkulation, sondern in »action programs« wiederfinden – nur so werden sie konkretisiert und korrigiert. Vorsicht ist geboten, denn: Die Wettbewerber werden gern überschätzt; oftmals können Wettbewerber nicht billiger sein, sie sind es nur gegen ihre eigene Erlösqualität. Darum gilt: Niedrige Preise sind nur dann eine Leistung, wenn man sich niedrige Preise auch leisten kann – d.h., wenn der Preisabstand nicht aus dem Ergebnis finanziert wird.

Die Standardkalkulation sollte also auf Vollkosten (inklusive eines der Markenüberlegenheit entsprechenden Gewinns) basieren. Von so genannten Grenzkostenkalkulationen (ohne oder nur anteilige Abdeckung der Fixkosten) rate ich dringendst ab. Solche Kalkulationen beobachte ich in der Praxis immer häufiger; damit werden im Allgemeinen schwache Produkte subventioniert. Erfahrungsgemäß substituieren diese am Ende die guten Umsätze, da es kaum mehr deutlich voneinander abgegrenzte Märkte gibt.

Durch die ungehemmte Welle der »Line Extension« ist der Anteil solcher Produkte im letzten Jahrzehnt in den meisten Unternehmen drastisch gestiegen. Zusätzlich zur gestützten Kalkulation werden dann noch erhebliche Mittel zur Mobilisierung bzw. zur kurzfrequenten Erneuerung dieser Produkte aufgewendet und somit von den starken Produkten abgezogen.

Für die konzeptionelle Absicherung seiner Erlöskraft stehen dem Hersteller drei große Kalkulationsblöcke zur Verfügung:

Fabrikkalkulation

Vor allem für international tätige Unternehmen empfehle ich, bereits beim Fabrik-Abgabepreis einen (und zwar den größeren) Teil des geplanten Gewinns einzukalkulieren. Denn je näher der Gewinnaufschlag an die Verkaufsfront verlagert wird, desto stärker ist dieser dem Druck des Tagesgeschäfts und somit dem Zugriff in der »Not« ausgesetzt. An die Vertriebe werden auf diese Weise gesunde Transferpreise fakturiert, mittels derer die Wertposition der Markenprodukte unangetastet in die Märkte übertragen wird.

Vertriebskalkulation I (Abgabepreise an den Handel)

Zusätzlich sollten auch auf der Vertriebsebene Gewinnziele einkalkuliert sein. Das ist schon aus psychologischen Gründen sehr wichtig, denn sonst unterstellt der Vertrieb, dass das Unternehmen ohnehin irgendwo Reserven angelegt hat, und sieht seine Aufgabe nur noch in der Verwirklichung der Absatz- und Marktanteilsziele.

Das oftmals vorgebrachte Argument, ein Unternehmen könne nicht zweimal Gewinn erwarten, sollte uns von dieser existenzsichernden Staffelkonzeption nicht abbringen, denn wir sprechen hier über Preis- und Konditionenmanagement unter härtesten Wettbewerbsbedingungen. Und Geld, das in diesem Umfeld einmal in die Märkte geflossen ist, kann kaum mehr zurückgeholt werden.

Natürlich müssen die Gewinnziele seriös sein; d.h., beide Teilziele zusammen müssen jenem Gesamtziel entsprechen, das das Unternehmensmanagement sich konsequent durchzusetzen vorgenommen hat, intern und im Markt. Überhöhte Ziele wären hier kontraproduktiv und als Führungsinstrument untauglich.

Vertriebskalkulation II (Endverbraucher-Preise)

Zwischen dem Abgabepreis an den Handel (HP) und dem Endverbraucherpreis (EVP) müssen die realistischen Kalkulationsfaktoren aller umsatzbeeinflussenden Marktteilnehmer berücksichtigt werden. Der erste Schritt ist also die sorgfältige Erfassung aller relevanten Absatzebenen und die Einschätzung der möglichen Leistungsbeiträge der einzelnen Glieder in der Absatzkette sowie die Bestimmung einer adäquaten Abgeltung für diese Leistungen (Stichwort Konditionen).

Hier sehe ich immer wieder Fehleinschätzungen, die zu späteren Nachbesserungen zu Lasten der eigenen Kalkulation führen. So wird z.b. oftmals die Rolle der Zentralen von Handels-Kooperationen zunächst unterschätzt. Diese Zentralen haben zwar in vielen Fällen nur eine Marketingfunktion (kaufen also nicht direkt ein), verfügen aber oft über einen erheblichen Einfluss auf die Lieferantenauswahl ihrer Mitglieder. Sie geben grünes oder rotes Licht für die Zusammenarbeit ihrer Gruppe mit jedem einzelnen Hersteller.

Finanziert werden diese Zentralen meist durch einen Administrations- und Marketingbonus von der Industrie (Prozentsatz vom Gruppenumsatz mit dem jeweiligen Hersteller). Auch wird häufig zentral ein Gruppen-Umsatzbonus mit dem Hersteller vereinbart und an die Mitglieder mehr oder weniger direkt weitergegeben. All diesen Forderungen begegnet man am besten mit der Gegenforderung nach absoluter Transparenz. So stellt sich heraus, welchen Ansprüchen auch adäquate Leistungen gegenüberstehen. Vor einer Abwehr von leeren Forderungen muss man nicht zurückschrecken, denn diese Zentralen haben weitaus weniger Einfluss auf ihre Mitglieder, als sie vorgeben. Echte Leistungen sollte man dagegen aktiv in sein System einbeziehen. Damit mobilisiert man dann wenigstens für die eigenen Interessen die Kräfte dieser Zentralen, die umgekehrt auch stark genug sind, um das Geschäft zu blockieren.

Im Gegensatz zu den oben genannten Kooperationen bringen die Filialsysteme des Handels ihre geballte Marktmacht direkt auf die Räder. Im Verlaufe ihrer Aufbaugeschichte forderten die Zentralen mit größter Fantasie die unterschiedlichsten Funktionskonditionen unter Berufung auf die aktive Erschließung ihrer Filialsysteme. Ihren Forderungen verliehen sie allerdings weniger durch Leistungsnachweis als durch unmissverständlichen Hinweis auf ihre steigenden Umsatzanteile Nachdruck. Inzwischen ist der Funktionsbezug der Konditionen längst in Vergessenheit geraten, und

Umsatzzuwächse sind praktisch nur noch durch Übernahmen darzustellen. Die gewährten Konditionen werden als Besitzstand verteidigt und Zusatzkonditionen unter dem Stichwort »Weiterentwicklung der Geschäftsbeziehung« gefordert – als Hebel wird die Androhung von Auslistungen angesetzt.

Eine Marke, die ihr Geld nach Hause bringen will, wird sich ihrer Besitzstände wieder erinnern müssen und als Erstes einmal die bis dato gewährten Konditionen wieder den ursprünglichen Funktionsversprechen sowie den aktuell vom jeweiligen Händler erbrachten Leistungen gegenüberstellen. Dabei kann es hilfreich sein, Filialsysteme nach ihren Funktionsstufen aufzuteilen (Zentralfunktionen/Filialengeschäft).

Ziel muss es nun sein, wieder Transparenz in die Geschäftsbeziehungen zu bringen und den gesamten Kalkulationsinhalt für die Absatzlandschaft so straff wie möglich zu gestalten. Überhöhte Konditionen geben Spielraum für Sonderangebote und führen zwangsläufig zum Verfall der Verbraucherpreise – und in der Folge zu neuen Konditionsforderungen. Und damit wären wir beim schwierigsten Teil der Kalkulation: der Ordnung der Konditionen.

Grundsätze eines Konditionensystems

Ein Neuanfang, der mehr sein will als Aktionismus, braucht Prinzipien. Das gilt erst recht für den Umgang mit den Konditionen, denn auf diesem Gebiet, so meine Erfahrung als Berater von Markenherstellern, ist fast alles Schicksal, d.h. Resultat einer nicht mehr zu rationalisierenden Geschichte aus situativ entstandenen Zugeständnissen der Hersteller. Beginnen wir mit dem wichtigsten Prinzip.

Grundprinzip: Leistung – Gegenleistung

Die Leistungsgebundenheit aller Konditionen ist das unverzichtbare Grundprinzip eines wirksamen Konditionensystems.

Für jede gewährte Kondition wird eine adäquate Gegenleistung des Abnehmers gefordert. Das heißt, »Kondition« wird wieder – der eigentlichen Wortbedeutung entsprechend – als »Bedingung« verstanden: Wenn ein Abnehmer eine definierte Leistung für das Unternehmen erbringt, dann erhält er als Abgeltung die dafür vorgesehene Zuwendung. Dabei soll jede Kondition mobilisierende Wirkungen im Sinne der strategischen und wirtschaftlichen Zielsetzungen des gebenden Herstellers entfalten.

Egal, ob es sich um quantitative Leistungen (z.b. Jahresumsatz, Umsatzsteigerung) oder um qualitative Leistungen der Abnehmer (z.b. Sortenanzahl, Produktpräsentation) handelt – entscheidend ist, dass allen Beteiligten die definierte Relation, der Verpflichtungszusammenhang von Leistung und Gegenleistung, bewusst ist. Dieses Grundprinzip verhindert wirkungsvoll, dass Konditionen ausufern – weil es neue oder höhere Konditionen nur bei zusätzlichen oder verbesserten Abnehmerleistungen geben kann.

Durch die Gleichbehandlung aller Abnehmer – für gleichwertige Leistungen gibt es die gleichen Konditionen – wird die Entstehung von Schieflagen zuverlässig verhindert. Konditionenspreizungen sind ausschließlich durch Leistungsunterschiede der Abnehmer begründet.

Die Leistungserfüllung wird vom Hersteller strikt kontrolliert. Etwaige Leistungsdefizite der Abnehmer werden in Gesprächen und Verhandlungen thematisiert und führen gegebenenfalls zu Konditionenkürzungen. Auf diese Weise wird das Verhältnis zu den Abnehmern auf eine neue Basis gestellt: Das Unternehmen sieht sich nicht länger einseitig den (Rabatt-) Forderungen seiner Abnehmer ausgesetzt, sondern konfrontiert diese seinerseits mit Leistungsforderungen.

Kontrollierte Komplexität

Das Konditionensystem ist so aufzubauen, dass es die Verkäufer und ihre Verhandlungsposition gegenüber den Abnehmern stärkt. Es soll nicht nur inhaltlich richtig ausgerichtet sein, sondern auch die Durchsetzungskraft verbessern. In dieser Hinsicht zeigt die Erfahrung, dass die Komplexität eines Konditionensystems grundsätzlich die Position der Verkäufer verbessert, während Einkäufer stets ihren Vorteil in Vereinfachung suchen.

Vereinfachung in Konditionenverhandlungen bedeutet immer die Zuspitzung auf Entweder-oder-Situationen, in denen die »Einkaufsmacht« strukturell überlegen ist (»Bekomme ich die drei Prozent – ja oder nein?«). Komplexität hingegen ermöglicht, dass der Verkäufer jeder Einkäufer-Forderung mit einem schlagkräftigen Abwehrargument oder einer Gegenforderung (Abnehmerleistung) begegnen kann. In diesem Sinne gilt: Je mehr Stellschrauben ein Konditionensystem hat, desto größer ist das »Waffenarsenal«, aus dem der Verkäufer sich situativ im festen Rahmen eines Systems bedienen kann.

Die Komplexität muss freilich kontrolliert sein. Das bedeutet:

- Bei aller Variabilität des Systems müssen die Ordnungskriterien zwingend wirken (es dürfen keine Ausnahmen und Sonderfälle entstehen).
- Zudem müssen die Mechanismen des Konditionensystems von der eigenen Verkaufsmannschaft virtuos beherrscht werden.

Mehr »System« – weniger »Person«

Der Markenhersteller darf sich nicht darauf verlassen, dass die eigene Wertschöpfung aus zahllosen (unberechenbaren) Einzelverhandlungen zwischen Verkäufern und Einkäufern resultiert – sie muss vielmehr mit verbindlichen Konditionenregeln sichergestellt werden.

Die Verkäufer können dem im Gespräch mit dem Einkäufer spürbaren Druck des Verdrängungsmarktes ohne ein festes System nicht standhalten. Dies gelingt nur in Einzelfällen auf Grund individueller Verhandlungsbegabung des Verkäufers – aber auch das niemals über lange Zeiträume hinweg.

Darum ist es Aufgabe des Konditionensystems, die individuelle Verhandelbarkeit der Konditionen deutlich zu senken und durch ein erhöhtes Maß an Strukturvorgaben, verbindlichen Regeln und Kontrollmechanismen die Verhandlungskraft gegenüber den Abnehmern zu stärken und so die Wertschöpfung systematisch zu sichern.

Die erforderliche Verlagerung der Rabattkompetenzen von der personalen Ebene »in das System« stellt also nicht etwa eine Schwächung der Personen dar. Im Gegenteil: Die Verkäufer werden in die Lage versetzt, durch gezielten Einsatz verbindlicher Regeln ihre Gespräche und Verhandlungen mit Abnehmern selbstbestimmter und erfolgreicher zu gestalten; die Verhandlung wird von der persönlichen auf die institutionelle Ebene verlagert –

»unser Haus (unsere Marke) akzeptiert diese Art von Rabatt oder Kondition nicht, so etwas brauche ich gar nicht erst zu beantragen«.

Merke: Je früher und bestimmter eine Forderung abgelehnt wird, desto eher wird verstanden, dass Drohungen kontraproduktiv sind. Dahinter müssen dann aber auch entsprechende Regeln stehen, die wiederum im Hause institutionalisiert werden, z.B. dem Controlling oder gar der Revision unterliegen. Ich empfehle insgesamt, dem Vertrieb mehr Rückhalt zu geben, indem Preise und vor allem Konditionen sowie deren Einhaltung den gleichen Controllingverfahren unterstellt werden wie weniger risikobehaftete Investitionen des Hauses (Konditionen sind Investitionen in die Absatzleistung). Denn auch hier gilt: Je weiter von der Front entfernt die Entscheidungskompetenz angesiedelt ist, desto sicherer ist das Geld. Auf diese Weise wird die institutionelle Haltung des Vertriebs unausweichlich gestärkt.

All diese in der Praxis erprobten Mittel werden allerdings nur wenig helfen, wenn es den Verantwortlichen an persönlichem Durchsetzungswillen mangelt. Das gesamte Unternehmen muss darauf eingestellt werden, dass es Anspruch auf den vollen Gegenwert seiner Leistungen hat und dass hier der Fokus liegen muss. Um dies zu erreichen, muss ein möglichst großer Kreis in das Projekt einbezogen werden. Nach meiner Erfahrung kann man schon bei der Analyse der Fehlentwicklungen ein gewisses Ungerechtigkeitsgefühl mobilisieren, denn mit jedem Prozentpunkt, der ungerechtfertigt an den Handel geht, wird der finanzielle Spielraum für den Hersteller kleiner (Gehälter, Werbung etc.). In Verbindung mit gemeinsam erarbeiteten Umsetzungsideen entstehen neue Durchsetzungsenergien, die sich im weiteren Verlaufe des Projekts noch erheblich verstärken. Es wird die Basis dafür gelegt, dass die Belegschaft künftig die Stärken der eigenen Marke und des Systems aktiv ausspielen kann.

Unternehmen verkaufen an den (End-)Kunden, nicht an den Händler

Im Tagesgeschäft lässt sich oftmals beobachten, dass Hersteller vom »Kunden« sprechen und damit den Händler meinen – aber nicht die Verwender. Dies verblüfft, bilden doch die Konsumenten, ihre Zufriedenheit und ihr Wiederkauf, das eigentliche Ziel aller Aktivitäten.

Diese Erkenntnis bedeutet für die Preis- und Konditionengestaltung mehr als eine »Kundenorientierungs«-Floskel: Denn die Kunden sind die einzigen Akteure, die »frisches Geld« ins System bringen. Zudem erweisen die Kunden dem Produkt ehrliche Wertschätzung und sind erfahrungsgemäß bereit, für eine gute Leistung auch etwas mehr zu zahlen – während das Interesse des Händlers naturgemäß kaum der Ware an sich gilt, sondern dem niedrigen Einkaufspreis und vermeintlichen Vorteilen.

Der Markenhersteller sollte sich also vergegenwärtigen, dass es die Kundschaft ist, die seine Leistung entgegennimmt und dass die Marke primär mit ihrem Publikum und den Verwendern in Beziehung steht – wenn auch nicht juristisch. Die Rolle des Händlers relativiert sich dagegen. Die gesamte Angebotsgestaltung des Unternehmens sollte daher auf die dauerhafte Wertschätzung der Kundschaft ausgerichtet sein. Erst die Kundennachfrage begründet eine starke Verhandlungsposition des Herstellers gegenüber den Wiederverkäufern seiner Produkte. Der Händler ist ein Vermittler – seine Interessen sind wichtig, aber nicht maßgebend für die Durchsetzung der Herstellerinteressen in der Wertschöpfungskette. Das Konditionensystem hat dies zu berücksichtigen, und der Hersteller sollte es seinen Absatzpartnern in geeigneter Weise (»innere Haltung«) verdeutlichen.

Preispoints (so genannte »Psychologische Preisobergrenzen«)

Preispoints sind nicht Bestandteil eines Systems von Preisen und Konditionen. Ihre Behandlung an dieser Stelle rechtfertigt sich aber, weil sie Einfluss haben auf die Kalkulation.

In fast allen Produktbereichen orientieren sich Hersteller wie Händler an diesen Preispoints. Gemeint sind damit branchenweit akzeptierte optische Preisgrenzen, die in jedem Land existieren (1,99, 13,90, 998,– etc. in beliebiger Währung). Lediglich einige Luxusartikel entziehen sich diesem Brauch, obwohl auch hochwertige Marken beginnen, sich Preispoints zu unterstellen: Die Parfumbranche hat sich inzwischen in die Lebensmittelpreise eingeklinkt und verlangt heute zum Beispiel 79,90 statt ehemals 80,–.

Die Ursache für die Existenz und Bedeutung der Preispoints sehen die Unternehmen in psychologischen Elementen des Käuferverhaltens. In Wirklichkeit aber sind die Preispoints Ergebnis einer durchaus hausgemachten Entwicklung der Hersteller.

Ursprünglich haben Preispoints bei der Kalkulation der Preisstruktur eines Sortiments keine Rolle gespielt. Niemand hat absichtsvoll geplant, dass ein Produkt eine bestimmte Preisgrenze nicht überschreiten darf. Doch durch den verstärkten Einsatz von Wettbewerbsvergleich, insbesondere Preisvergleich und Benchmarking, haben die Unternehmen eine Entwicklung in Gang gesetzt, die letztlich in eine andere Richtung führte: Auf Grund der verstärkten Anpassung haben sich die Strukturen der verschiedenen Hersteller mit der Zeit auf dem gleichen Preisniveau eingependelt. Die Konkurrenten orientieren sich aneinander, die Preise werden angeglichen, und schließlich landen fast alle Wettbewerber in den gleichen Segmenten beim einzelnen Produkt am selben Preispoint. In diesem Moment aber kehren sich Ursache und Wirkung um: Der übereinstimmende Preis dieser Unternehmen setzt sich nun als Marktpreis fest, und alle Wettbewerber ordnen sich dem unter.

Der neue Marktpreis entwickelt sich zu einer optischen Grenze, die plötzlich einer unüberwindlichen Barriere gleicht: Der Preis kann sie scheinbar nicht mehr übersteigen. Ist diese Barriere einmal akzeptiert, wird die eigene Preisgestaltung von ihr bestimmt und jeder zu kalkulierende Preis von ihrem Wert aus zurückgerechnet. Nach Abzug der Mehrwertsteuer werden Handelsmarge und eigene Marge abgezogen und so die Ziel-Herstellungs-Kosten errechnet.

Für die Preiskalkulation verbleiben Produktqualität, Investitionen, Durchsetzungsprogramme und Werbung als Dispositionsmasse. Auf Grund der marktüblichen, abwärts gerichteten Preistrends wird der Druck in jedem Jahr weiter erhöht. Diese eingefahrene Vorgehensweise zur Preisberechnung hat dazu geführt, dass viele Unternehmen über Jahre hinweg keine Preiserhöhungen mehr durchgesetzt haben. Sie leben von der Substanz und sind nicht mehr manövrierfähig.

Aus Sicht der Konsumenten gleichen sich dadurch auch die Produkte nach und nach an, denn Preisgleichheit signalisiert auch Leistungsgleichheit. Der Konsument orientiert sich in letzter Konsequenz am Preis, wenn er über den Wert eines Produktes befindet. In dem Moment also, in dem die Hersteller gleiche Preise mit den Wettbewerbern akzeptieren, setzen sie ihre Investitionen in die Produktspezifik auf Null. Denn dann bestimmt ausschließlich der Preis den Wert des Produkts.

Die Einführung des Euro bot die einmalige Gelegenheit zur Aufgabe der Preispoints. Durch die Umrechnung mussten die Preise neu festgelegt werden. Bei dieser Neubestimmung der Preise konnten die Preisbarrieren nahezu unmerklich fallengelassen werden. Doch das Muster optischer Preisgrenzen war offenbar stärker als die wirtschaftliche Not; nun haben wir optische Euro-Preise, die selbstverständlich nach unten abgerundet wurden. Ein Opfer, dass vom Schlachtenlärm um die kleinere Schar von Teuro-Sündern bei weitem übertönt wird. Dabei hat sich der wirtschaftliche Negativeffekt durch den wesentlich höheren Wert des Euro gegenüber seinen Vorgängerwährungen noch potenziert – speziell in den Preislagen, in denen der Cent eine größere Rolle spielt.

Ich habe mir zum Hobby gemacht, Menschen, speziell jene, die mit Preisgestaltung zu tun haben, nach ihren Einkaufsgewohnheiten zu fragen. »Kaufen Sie Ihre privaten Dinge nach Gefallen oder nach einem attraktiv wirkenden Preis?« »Na, erst muss es mir natürlich gefallen!« Aha, das hört sich dann doch noch recht natürlich an. Sollte man demzufolge nicht auch den wirtschaftlichen Aspekt nach vorne stellen? Es lohnt sich, einmal nachzurechnen.

Ob Preispoints oder Konditionendruck – für den Markenführer gibt es eine vernünftige Gestaltungsform seiner Produktpreise, nämlich die konsequente Orientierung an Qualität und Leistung; ein darauf aufbauender, wertgerechter Preis ist nicht nur ein Gewinn in der Unternehmenskasse, er ist auch ein Gewinn für die Marke. Denn entgegen der landläufigen Meinung aller »Billig-Propheten« gewinnt die Marke so an Wettbewerbskraft: Die Markentechnik lehrt, dass der Preis das wichtigste Signal für Qualität ist. Denn die Konsumenten sind heute weniger denn je in der Lage, die Qualität eines Produktes allein über dessen Optik oder Ausstattung zu bewerten.

Folglich kann man sagen: Die Einhaltung der einfachen kaufmännischen Regeln führt heute zu einem ausgezeichneten Marketing. Die Orientierung an vermeintlichen Marktzwängen (»der Niedrigpreis als Leistungsbeweis«) hingegen schwächt die Unternehmen in doppelter Hinsicht: Finanzkraft und Markenschwäche schwinden Hand in Hand.

Fazit: Die Markenführer dürfen sich die Konditionenhoheit für ihre Qualitätsprodukte nicht aus der Hand nehmen lassen – um keinen Preis.

V Das Management

Falsche Programme

»Unsere Marke hat einen guten Ruf, unsere Firma einen guten Namen – warum verdienen wir kein Geld mehr?« Die Antwort auf diese immer häufiger gestellte Frage findet sich selten im Produkt und schon gar nicht im Markt; sie findet sich im Management, oder besser gesagt, sie ist in den Management-Methoden und -Moden begründet, denen sich manche Unternehmensführung verschrieben hat.

Im Geschäft mit Markenprodukten hat sich im Laufe der Jahre ein Problem flächendeckend ausgebreitet und fast den ganzen Markt befallen, nämlich die Etablierung von Management-Programmen, mit denen Unternehmen unbewusst, aber systematisch gegen die eigene Marke und vor allem die eigene Kasse arbeiten. Firmen werden nach Prinzipien geführt, die finanzielle Verluste nach sich ziehen und sich letztlich gegen die Substanz des eigenen Unternehmens richten. Ich bezeichne diese falschen Programme gerne als die Kardinalfehler der Markenführung.

Gurus jeder Couleur leben davon, unabhängig davon, ob sie Trends oder ewiges Glück, Heil im Jenseits oder Überleben im Management verkünden – sie alle leben vom Glauben. Einer dieser Gurus – er schenkte uns vor über 13 Jahren die Heilslehre vom »Shareholder Value« – ist allerdings inzwischen ziemlich verzweifelt: Alfred Rappaport bedauert zutiefst, dass sich seine Management-Lehre in wenigen Jahren völlig ins Gegenteil verkehrt hat. Was eigentlich die Substanz eines Unternehmens zum Wohle der Anteilseigner nachhaltig hatte verbessern sollen, wurde immer mehr zum Freifahrtschein für Aktienzocker; und wer sich langfristig in einer Aktie engagierte, war der Dumme: Firmen wurden für schnelle Kursgewinne so ausgehöhlt, dass oft nur noch Bilanztricks sie vor dem Konkurs bewahrten.

Umsatz als oberstes Ziel

Im Bermuda-Dreieck der Marken lauert eine Heilslehre, die weniger von krimineller Energie geprägt ist als von Unwissenheit und Mangel an Spürsinn, was sie aber nicht weniger brisant macht: Es ist die Lehre vom hehren Ziel der immer höheren Umsätze, der immer größeren Mengen. Hohe Umsatzzahlen und Wachstumsquoten gelten unhinterfragt als Indikator für ein starkes Unternehmen. Auch bei Unternehmensvergleichen oder in Presseartikeln werden stets diese beiden Parameter herangezogen. Ist beispielsweise der Umsatz zurückgegangen, der Ertrag jedoch überproportional gestiegen, wird diese Entwicklung und die dahinter liegende Anstrengung kaum honoriert. Es ist daher verständlich, dass Umsatz und Wachstum zum Leistungsmaßstab innerhalb der Unternehmen werden. Dennoch führt die alleinige Verfolgung der Umsatzsteigerung das Unternehmen nicht zum langfristigen Erfolg.

Hinter dem Begriff Umsatz verbergen sich zumeist die Größen Menge und Marktanteil. Unter dem Titel Wachstum wird im Allgemeinen die Steigerung dieser beiden Größen erwartet. Tatsächlich beinhaltet der Begriff Umsatz aber auch die Komponente Preis, die sich bei einer Absenkung nicht nur negativ auf das Ergebnis, sondern auch direkt auf die Umsatzhöhe auswirkt. Um einen ertragsstarken Umsatz zu generieren, müssen also Menge und Preis im gleichen Sinn zusammenarbeiten. An dieser Stelle setzt das falsche Programm der unbedingten Umsatzsteigerung an; denn der wertgerechten Preiskalkulation wird heute im Allgemeinen wenig Beachtung geschenkt. Vielmehr wird das Instrument Preis zumeist gegensätzlich eingesetzt: Über niedrige Preise hofft man, größere Mengen zu verkaufen, und größere Mengen versprechen Wachstum des Umsatzes.

Bei derartigen Überlegungen wird selten berücksichtigt, dass Preisreduktionen immer auf den Erlös durchschlagen. Faktisch verringert sich durch einen Preisnachlass der Erlös pro Stück, d.h., jedes verkaufte Produkt erwirtschaftet weniger Umsatz – der Gesamtumsatz fällt zunächst einmal. Ob sich in der Folge die erwartete, größere Menge wirklich verkaufen lässt, bleibt speziell in stark gesättigten Verdrängungsmärkten reine Spekulation.

Preissenkungen mit dem Ziel der Umsatzsteigerung sind unter diesen Bedingungen kaufmännisch völlig inakzeptabel, da die Folgen für das Ergebnis weit reichend sind: Jeder Prozentpunkt Preisreduktion schlägt unmittelbar auf das Ergebnis durch, während der zusätzliche Umsatz aus der erwarteten Zusatzmenge den Ergebnisrückgang nur anteilig kompensiert. Der Faktor liegt zwischen 2,5 und 6,5, je nach Margen-/Kostenverhältnis und Wertschöpfungstiefe des Unternehmens. Um eine Preisreduktion von einem Prozentpunkt im Ergebnis auch nur zu kompensieren, müsste die verkaufte Menge demnach um bis zu 6,5 Prozent gesteigert werden.

In der Regel werden auf Grund des irrsinnigen Preiskampfes mit den Wettbewerbern aber kaum Preisnachlässe oder Aktionen unter 10 Prozent beschlossen. Eine Preissenkung um 10 Prozent hieße aber, dass 25 bis 65 Prozent mehr Menge verkauft werden müsste, um lediglich den Ertrag zu generieren, der ohne Preissenkung erzielt wurde. Der kaufmännische Unsinn solcher Preisreduktionen liegt demnach auf der Hand.

Eine weitere Motivation für die Steigerung der Menge liegt im vermeintlichen Zwang zur Auslastung der Produktion. Der Effekt daraus bleibt jedoch derselbe: Die Preise werden – wenn auch nicht direkt vom Unternehmen intendiert – mit all den geschilderten Folgen gesenkt. Denn Zusatzmengen, die deutlich über den eigenen Marktanteil hinausreichen, müssen »vom Hof«. Für jede zusätzliche Umsatzleistung verlangen Handelsorganisationen jedoch Preisnachlässe. In der Konsequenz ergibt sich für den Hersteller ein niedrigerer Preis, der zu Gewinneinbußen führt.

Die Ursache für Umsatzeinbußen auf Grund reduzierter Preise liegt in einer Fehleinschätzung seitens der Verantwortlichen. Sie beruht auf einer falschen Beurteilung der Eigenschaften der wesentlichen Parameter: Umsatz, Marktanteil und Verkaufsmenge sind die einzigen Zahlen im Unternehmensspiel, deren Realisierung das Management nicht originär bestimmen kann, da sie Ergebnis des Marktes sind. In den Unternehmensplänen sind aber genau diese Ziele häufig statisch festgelegt. Demgegenüber könnten Parameter wie Produktionsmenge, Preise, Kosten, Anzahl der Mitarbeiter etc. originär bestimmt bzw. gesteuert werden.

Wenn aber die variablen Ergebniszahlen (Umsatz, Marktanteil und Verkaufsmenge) fixiert sind, dann werden zwangsläufig die wertbestimmenden Parameter variabel: Preise werden gesenkt, Konditionen frei verhandelt und die Produkte mitsamt Werbung abgerüstet. Jede dieser Maßnahmen läuft der Ertragskraft des Unternehmens zuwider.

Die Verbesserung des Unternehmensergebnisses kann in bestimmten Fällen sogar in der gegenteiligen Maßnahme liegen: in der Senkung von Umsatz und Menge! Die rechtzeitige Drosselung der Produktion kann die Konditionenverhandlungen mit dem Handel erleichtern und weiteren Preissenkungen entgegenwirken. Gehen Sie mal in ein Verkaufsgespräch und eröffnen es mit dem Hinweis, dass Sie in diesem Jahr den Umsatz mit Ihrem Gesprächspartner um vier Prozent zurücknehmen möchten, denn beide Seiten hätten im Grunde mit diesen letzten Prozenten nur Stress gehabt. Ihrem Gegenüber wird es erst einmal die Sprache verschlagen.

Über stabile Preise können mit geringeren Stückzahlen nicht selten größere Gewinne erzielt werden, auch wenn der Umsatz fallen mag. Umsatz ist ein relativer Leistungsmaßstab: Nur ein Umsatz, der solide Erträge gewährleistet, ist langfristig erstrebenswert. Weniger kann im Gesamtergebnis mehr sein. Man ist dann oft überrascht, wenn nach Einleitung einer solch konsequenten Vorgehensweise am Ende auch noch die Menge wieder steigt. Aus markentechnischer Sicht eine durchaus folgerichtige Entwicklung.

Wenn der gesteigerte Umsatz als oberstes Unternehmensziel definiert wird, gibt es allzu leichte Methoden, das Jahr für Jahr höher gesteckte Ziel auch Jahr für Jahr zu erreichen – bis selbst eine einst starke Marke irgendwann ruiniert ist. Mephisto ist ein Verführer und bekanntlich ein chronischer Lügner dazu, also dürfen wir unseren Goethe hier getrost umdeuten: Des Pudels Kern? Ein Teil von jener Kraft, die stets das Gute will und stets das Böse schafft! Denn genauso verhält es sich mit den Management-Doktrinen, die Umsatz und Mengen als das Ziel der Ziele propagieren, statt das einzige, allen Teilzielen einschließlich Marktführerschaft übergeordnete Ziel zu nennen – dieses muss lauten: Sicherung der andauernden, nachhaltigen Ertragskraft des Unternehmens. Denn nur diese sichert auch unter schwierigen Umständen und auf lange Sicht gesehen eine stabile Ertragslage – und befähigt das gesunde Unternehmen, in jeder Situation manövrierfähig zu sein

Wer nur auf den Umsatz wie auf einen Götzen schielt – oder nur auf den kurzfristigen Profit, auf schnelles Wachstum oder gleich auf alles zusammen –, der wird über kurz oder lang, von Mephisto liebevoll geleitet, die drei bereits bekannten Umsatzschleusen Distribution, Sortiment und Preise/Konditionen entdecken, die das innig ersehnte Ziel zum Greifen nahe erscheinen lassen. Wer sie flutet, geht vielleicht nicht in diesem Jahr, vielleicht auch nicht im nächsten unter – vielleicht sogar erst, wenn die Schleusenwärter längst für eine andere Marke Umsätze »zaubern«.

Karriere-Management und Markenführung

Der Größenwahn in Sachen Umsatz, Menge & Co. ist aber nicht allein auf verqueres Management-Denken zurückzuführen, er hat auch eine zweite Ursache – das Motiv der Markenführer nämlich, mit großen Zahlen die eigene Karriere zu beflügeln. Natürlich will kein Markenführer seiner Marke Böses; natürlich wird er alles ihm Mögliche tun, um seine Marke erfolgreich zu führen. Aber genau hier setzen die Widersprüche ein.

Denn die ganze Hierarchie des Wirtschaftslebens hat sich inzwischen dem Diktat der Größe verschrieben: Ob Analysten, Kreditgremien, Aufsichtsräte oder Anteilseigner – alle verhalten sich wie die Zeitungsleser oder wie die Redakteure: Jeder will große Zahlen sehen; die kleinen überliest man, so sie überhaupt gedruckt werden.

So ist – von wenigen, meist inhabergeführten Unternehmen abgesehen – quer durch die Branchen stetiges Wachstum angesagt: Alles ist auf Wachstum programmiert, die Quoten werden jeweils in Bezug zum Vorjahr erhöht. So werden von der Industrie Mengen vorgegeben, die zwangsläufig irgendwann weit über das Aufnahmevermögen der Märkte hinausgehen. So entsteht ein Verdrängungswettbewerb, der dazu führt, dass das Marktgeschehen schlussendlich vom Handel diktiert wird.

Mit den schon hinreichend beschriebenen Konsequenzen für die Marke, aber eben auch für die Markenführung. Und so mündet der Spagat zwischen Markenführung und Karrieremanagement bei nüchterner Betrachtung zwangsläufig in einem Desaster für das Unternehmen, während der Markenführer vermutlich mit dem Lorbeer auffallender Umsatzsteigerungen sein Können einem neuen Unternehmen und einer neuen Marke zur Verfügung stellt.

Da diese Fehlentwicklungen im Umfeld von unternehmerischen Persönlichkeiten signifikant seltener zu beobachten sind, drängt sich der Vergleich zum Söldnerheer auf, dessen Loyalität auch allein auf die Zahlungsfähigkeit des Befehlshabers ausgerichtet ist und das dessen Interessen nur so lange verficht, wie der Sold fließt. Nicht irgendwelche staatstragenden

Ziele sind hier Motivation – letztendlich zählt nur der persönliche Ruhm und das Portemonnaie. Schon Machiavelli wusste: »Der Ehrgeiz der Menschen ist so groß, dass sie, um eine augenblickliche Begierde zu befriedigen, nicht an das Übel denken, das binnen kurzem daraus entspringt.«

VI   Devisen eines guten Markenführers

Das Ziel der Ziele: Nachhaltige Ertragskraft

Wenn der Weg das Ziel ist, unternimmt man vielleicht eine Radtour durch die blühende Heidelandschaft, eine Cabrio-Fahrt ins Blaue oder einen Kreuzfahrt-Törn nach irgendwo. Solange dieses Motto für Freizeitunternehmungen steht, ist die Welt vollkommen in Ordnung; muss man es aber bei einem Wirtschaftsunternehmen feststellen, ist höchste Gefahr im Verzug.

Doch was auf den ersten Blick ziemlich absurd erscheint, ist heutzutage leider bei vielen Unternehmen die bittere Wahrheit: Es herrscht keinerlei Zielklarheit mehr; es existiert keine Definition eines allübergreifenden Ziels, das die Entscheidungen lenkt; es gibt kein übergeordnetes Geschäftsprinzip – das Unternehmensziel ist schlichtweg nicht vorhanden. Es gibt einfach keine Maxime, die die Teilziele des Unternehmens steuert, regelt und so zusammenfasst, dass letztlich alle Aktivitäten des Unternehmens gestärkt werden.

Teilziele oder Sekundärziele zeichnen sich dadurch aus, dass sie sich auf begrenzte Zeiträume beziehen und in gegenseitiger Rücksicht unternehmerisch optimiert werden müssen. Das übergeordnete Geschäftsprinzip kann hingegen nur von einem dauerhaft gültigen Unternehmensziel bestimmt werden, das als Regulativ für die Optimierung der untergeordneten Ziele sowie für deren Kontrolle sorgt. Sobald aber dieses verpflichtende, allübergreifende Unternehmensziel fehlt (weil es gar nicht definiert ist oder nur abstrakt in den Köpfen der Geschäftsleitung existiert), besteht die Gefahr, dass sich eine Zielvorgabe verselbstständigt, die bisher nur eines von vielen Zielen des Unternehmens ausmachte.

Verselbstständigung von Teilzielen

Wenn übergeordnete Vorgaben des Unternehmens fehlen, orientieren sich die Manager in der Regel am Verhalten der Wettbewerber und den Entwicklungen des Marktes. Dem Wettbewerber zu folgen heißt aber, ihm immer hinterherzulaufen, und die Entwicklungen des Marktes gaukeln stets wechselnde Zielvorstellungen vor, die nur zu kurzfristigem Erfolg wie der Steigerung des Umsatzes oder der Erhöhung des Marktanteils führen. Bei solchen Zielstellungen handelt es sich aber um typische Teilziele: Sie spielen eine wesentliche Rolle, stets jedoch nur im ausgewogenen Zusammenspiel mit allen anderen Sekundärzielen.

Hat sich ein Sekundärziel erst einmal verselbstständigt, so wird es an die Stelle des Unternehmensziels gerückt, indem es alle Aufmerksamkeit der Mitarbeiter auf sich zieht: Die gesamten Aktivitäten werden jetzt auf die Verfolgung dieses Teilziels ausgerichtet, sodass es gleichsam das ganze Unternehmen steuert. Die anderen, ebenso wichtigen sekundären Zielsetzungen werden nun vernachlässigt, die unternehmerische Optimierung aller Teilziele bleibt auf der Strecke, und das Unternehmen verliert seine ausgewogene Führung. Letztlich werden so aus den ehemaligen Sekundärzielen fest installierte, fehlleitende Programme in den Köpfen aller Beteiligten – willkommen bei der Fahrt ins Blaue.

Die erschreckende Unklarheit der Unternehmensführung über das alles bestimmende Geschäftsprinzip äußert sich darin, dass Manager dieses Ziel in der Regel nicht eindeutig bestimmen können. In der Praxis muss ich feststellen, dass immer wieder Ziele genannt werden, die per se nicht als übergreifendes Unternehmensziel geeignet sind, sondern typische Teilziele darstellen; dass also eine Ziel-Hierarchie in den Unternehmen gar nicht existiert.

Umsatz und Marktanteil

Auf den Führungsebenen wird häufig ein bestimmter Umsatz oder Marktanteil als primäres Ziel des Unternehmens genannt. Diese Größen können jedoch kein übergeordnetes Geschäftsprinzip sein – oder wollen wir bei Erreichen der angestrebten Umsatzzielgröße X das Unternehmen liquidieren? Im Ernst: Die generelle Erreichbarkeit von derlei Mengenzielen spricht schon gegen ihre Tauglichkeit zum Unternehmensziel: Immer dann, wenn eine einmal festgelegte Größe erreicht wurde, müsste ein neues Ziel formuliert werden. Aber ein stets wechselndes Unternehmensziel kann nicht allübergreifend sein und das Geschäftsprinzip darstellen. Davon abgesehen: Wenn man den Marktanteil und damit Menge und Umsatz zum Maßstab für jegliche Unternehmenshandlung macht, dann werden alle verfügbaren Mittel eingesetzt, um diese Größen zu steigern und das gesetzte Ziel zu erreichen. Mittelfristig lassen sich mit diesem Verfahren bestimmte Erfolge erzielen – auf lange Sicht gesehen werden die erreichten Größen jedoch nur zu Lasten der Rendite realisiert werden. Der Gewinn des Unternehmens sinkt, die Ressourcen verbrauchen sich. Das Unternehmen verlässt allmählich seine gesunde Basis und wird nach und nach zum Sanierungsfall. Die Firma hat dann zwar zielgerecht gearbeitet, denn das Unternehmensziel im Sinne von Größe ist erfüllt worden; trotzdem lebt es nach einer solchen Rosskur nur noch von der Substanz.

Nichtsdestoweniger stellt das Größenziel heute einen Parameter dar, nach dem allerorts in der Unternehmenslandschaft gearbeitet wird. Man strebt danach, die Unternehmen immer größer werden zu lassen, da man von der irrigen Vorstellung ausgeht, Größe sei gleichbedeutend mit Stärke. Die Realität in der Geschäftswelt sieht jedoch anders aus: Viele Unternehmen haben sich zwar im Laufe der Jahre vergrößert, sind gleichzeitig aber auch schwächer geworden, schwächer im Sinne ihrer eigentlichen Aufgabe: nämlich dauerhaft einen soliden Ertrag zu erwirtschaften.

Gewinn

Ist den verantwortlichen Managern die Schwäche bestimmter Mengengrößen als Unternehmensziel im Beratungsgespräch deutlich geworden, wird gerne der Gewinn als übergeordnete Zielsetzung nachgeschoben. Man glaubt damit dann das Richtige getroffen zu haben. Denn im Unterschied zu Umsatz oder Marktanteil stehen bei diesem Ziel ja zumindest die unternehmerischen Ergebnisse im Mittelpunkt.

Oft aber geht einseitiges Streben nach Gewinn zu Lasten der Wettbewerbskraft und taugt also ebenso wenig als Unternehmensziel wie Umsatz oder Marktanteil. Arbeitet ein Unternehmen nach dem übergeordneten Ziel der Gewinnoptimierung, so werden zumeist Investitionen und Kosten zurückgefahren. Besonders widerstandslos sind dann zum Beispiel Werbebudgets zu kürzen, da sie keine rechnerische Basis haben und deshalb nur schwer verteidigt werden können. Auf diese Weise wird zwar mittelfristig ein optimiertes Ergebnis zurechtgeschnitten, aber faktisch hat das Unternehmen durch mangelnde Investitionen seine Durchsetzungs- und Wettbewerbsfähigkeit eingebüßt. Um den Gewinn mitzunehmen, wurde die Firma strategisch stillgelegt – sie befindet sich in keinem Geschäftsbereich auf dem aktuellen Stand, da sich die Bereiche nicht haben weiterentwickeln können.

Der Gewinn allein kommt als übergeordnetes Ziel also nicht infrage, da er den langfristigen Unternehmenserfolg nicht gewährleisten kann. Zudem ist er als Unternehmensziel ebenso erfüllbar wie Marktanteil und Umsatz, sodass bei Erreichen einer selbst gesetzten Gewinngröße ebenfalls ein neues Ziel definiert werden müsste.

Nachhaltige Ertragskraft als Unternehmensziel

Analysiert man die möglichen übergeordneten Zielsetzungen für Markenunternehmen, so kommt man zu dem Schluss, dass allein eine Zieldefinition den Anforderungen eines übergreifenden Unternehmensziels wirklich standhält: Es ist die bereits erwähnte nachhaltige Ertragskraft. Sie ist die einzig vernünftige Definition. Es geht dabei um die niemals nachlassende Fähigkeit des Unternehmens, aus eigener Kraft ausreichende Erträge zu erwirtschaften – ausreichend, um zu investieren in die Weiterentwicklung von Produkten und in andere wettbewerbsüberlegene Unternehmensleistungen; ausreichend, um die besten Leute zu beschäftigen; ausreichend, um die Absatzlandschaft konstruktiv zu bearbeiten; ausreichend, um sich Händlerdrohungen glaubwürdig widersetzen zu können; und ausreichend, um den Eigentümern der Marke einen ordentlichen Gewinn auszahlen zu können. Wer über nachhaltige Ertragskraft verfügt, befindet sich allen Umständen des Marktes zum Trotz auf der sicheren Seite. Das muss das Ziel sein.

Nur diese nachhaltige Ertragskraft kann jene übergeordnete Zieldefinition sein, die durch ihre stetige Präsenz im Hintergrund regulierend auf die Verselbstständigung von Teilzielen wirkt. Ein Teilziel wie etwa die Erhöhung der Stückzahlen hat meist fallende Preise und damit sinkenden Umsatz und Gewinn zur Folge. Die einseitige Verfolgung eines solchen Teilziels würde also durch die übergeordnete Zieldefinition quasi »zurückgeregelt« werden.

Nachhaltige Ertragskraft kann niemals durch einseitige Ausrichtung auf Teilziele erfüllt werden, da jede Einseitigkeit zwangsläufig zu Lasten der anderen Zielsetzungen geht. Sie kann nur erreicht werden, wenn alle Parameter der Marken- bzw. Unternehmensführung zugleich gestärkt werden.

Denn: Die Gesundheit des Unternehmens kann nur gewährleistet sein, wenn alle Bereiche gleichermaßen gesund sind.

Die gleichzeitige Stärkung gilt auch für vermeintlich gegenläufige Parameter. Genau in diesem Punkt liegt die wirtschaftliche Leistung der Marke: Sie kann – bei guter Führung – zugleich eine überlegene Preisstellung und einen hohen Marktanteil durchsetzen. Mit dieser Fähigkeit setzt das Prinzip Marke ein vermeintliches Gesetz außer Kraft, welches als Preis-Absatz-Funktion schon manches Manager-Hirn auf den falschen Weg geführt hat. Für No Names mag diese Funktion sich bewahrheiten; starke Marken entziehen sich ihr.

Nachhaltige Ertragskraft ist nicht etwa nur mit hohem Gewinn gleichzusetzen, denn nachhaltig bedeutet, dass die Ertragskraft zu jeder Zeit gesichert ist. Sie ist Voraussetzung dafür, dass das Unternehmen unter allen Marktbedingungen seine Wettbewerbskraft und Manövrierfähigkeit behält.

Die nachhaltige Ertragskraft ist auch niemals endlich erfüllbar; sie muss vielmehr jeden Tag erneut mit kaufmännischer Vernunft und eisernem Durchsetzungswillen im gesamten Unternehmen erkämpft werden. Nicht ein einziger Unternehmensbereich darf schwach werden, da auch einzelne Teile das Ganze schwächen können. Auf diese Weise bleibt die nachhaltige Ertragskraft als Unternehmensziel ununterbrochen in Kraft.

In der Markentechnik wird Nachhaltigkeit durch den Begriff »Vererbungsfähigkeit« illustriert. Das bedeutet, dass das gesamte Unternehmen jeden Tag ein kleines Stück gesünder, kräftiger und wertvoller werden sollte, damit es zu jedem beliebigen Zeitpunkt in bestem Zustand abgegeben werden kann.

Alle Maßnahmen, die im Unternehmen durchgeführt werden, sind stets darauf zu prüfen, ob sie letztendlich dieses Ziel im Visier haben: Wird das Unternehmen durch die aktuell zu verwirklichende Maßnahme kräftiger, oder handelt es sich lediglich um eine attraktive Aktivität, die zur Zeit am Markt üblich ist, die aber zur allgemeinen Stärkung des Unternehmens nichts beitragen kann? Durch solche selbstverständliche Überprüfung der Maßnahmen kann das übergeordnete Unternehmensziel der Verselbstständigung von Teilzielen wirksam vorbeugen.

Sekundärziele wie Mengen- oder Marktanteilssteigerungen, die stets nur punktuell und begrenzt sind, müssen immer ein Mittel bleiben, um die

Ertragskraft zu erhöhen. Das Teilziel ist immer so zu definieren, dass es unter den kaufmännischen Bedingungen des Hauses, also unter den eigenen Bedingungen, erfüllt wird: Es enthält demnach per definitionem die regulierende Frage nach dem Nutzen für das gesamte Unternehmen.

Wer dauerhaft unternehmerischen Erfolg sichern will, muss das Geschäftsprinzip der nachhaltigen Ertragskraft bis in die kleinsten Kapillaren des Unternehmens durchsetzen: Es muss in allen Köpfen verinnerlicht sein und bei allen Maßnahmen im Hintergrund wirken. In der Geschäftspraxis ist das Prinzip der nachhaltigen Ertragskraft heute jedoch keineswegs präsent oder gar durchgesetzt; die Verantwortlichen halten gegenwärtig ja selbst die simpelste kaufmännische Regel nicht länger für konsequent umsetzbar: Dass nämlich ein verkauftes Produkt mehr einbringen muss, als es insgesamt gekostet hat!

Im Tagesgeschäft spielt diese Ur-Regel kaum mehr eine Rolle. Die Vertriebsmitarbeiter sind in den Verhandlungen mit dem Handel bereits zufrieden, wenn möglichst wenige Handelsforderungen erfüllt wurden. Welche Auswirkungen die Verhandlungsresultate auf die Bilanz des Unternehmens haben, ist den Mitarbeitern selten bewusst. Die früher vielfach gehörte Ermahnung des Unternehmers, das Geschäft seines Vertriebes sei erst gemacht, wenn in der Kasse die ausreichende Geldmenge eingegangen sei, wird heute kaum noch formuliert und bleibt unbeachtet.

Dabei beinhaltet diese simpel klingende Ermahnung letztlich den Sinn und Zweck des gesamten Markengeschäftes: Ein Unternehmen mit gesicherter Ertragskraft ist gesund und empfindet den Wettbewerb nicht als Härte oder den Markt als schwierig. Es verlässt sich vielmehr auf sich selbst und geht seinen eigenen Weg – zum dauerhaften, nachhaltigen Erfolg.

Der Durchschnittserlös als Kompass

Sie wollen Geld? Und Sie wissen nicht, wo es zu holen ist? Dann sind Sie hier goldrichtig. Denn in diesem Kapitel geht es um den Durchschnittserlös, und der ist nicht nur einer der aussagekräftigsten Indikatoren für die Markenführung, der Durchschnittserlös ist auch eine Art Kompass zum Geld: Denn mit seiner Hilfe finden Sie recht punktgenau die Bereiche im Unternehmen, wo das Geld steckt, nach dem Sie suchen.

Ein fallender Durchschnittserlös ist stets ein Indiz für einen sich verringernden Ertrag pro Stückzahl. Und wenn der Durchschnittserlös sinkt, fließt weniger Geld in die Kasse des Unternehmens. Diese Größe ist also ein bedeutsamer Parameter. An den Ausschlägen lassen sich bereits ohne Kenntnis weiterer Informationen Zustand und Entwicklung der Markenführung ablesen.

Die Größe Durchschnittserlös berechnet sich dabei folgendermaßen: Der gesamte Jahresumsatz des Unternehmens wird durch die Anzahl aller verkauften Einheiten, also durch die gesamte Stückzahl aller verkauften Produkte, geteilt. Dabei spielt die Tatsache, dass sich möglicherweise sehr unterschiedliche Artikel im Sortiment befinden, keine Rolle. Die errechnete Größe entspricht dem tatsächlich erzielten, durchschnittlichen Preis pro Einheit, nach Abzug aller Zuwendungen an Absatzmittler aller Art. Ein fallender Durchschnittserlös weist also immer auf sinkende Erlöse hin.

Indikatorfunktion wiederherstellen

Im klassischen Controlling ist der Parameter Durchschnittserlös durchaus bekannt; er hat aber seine Indikatorfunktion eingebüßt, da sich für fallende Durchschnittserlöse heute umgehend scheinbar plausible Erklärungen finden, anstatt dass die Alarmglocken schrillen. Die verzerrte Wahrnehmung dieses Parameters offenbart sich zum Beispiel darin, dass Preissenkungen als Ursache für einen geringeren Durchschnittserlös geleugnet und stattdessen unvermeidliche Erlösschmälerungen als Erklärung angeführt werden.

Oder man zieht den Produkt-Mix als Begründung heran: Durch die Schaffung einer neuen »Einstiegspreisklasse« sind die Produkte im Durchschnitt zwangsläufig billiger geworden, sodass auch der Durchschnittserlös niedriger ausfallen muss. Die Marge in Prozent hat sich nicht geändert; und Preise hat man selbstverständlich auch nicht gesenkt.

Solange das Phänomen des fallenden Durchschnittserlöses zumindest scheinbar erklärt werden kann, bereitet es meinen Erfahrungen nach den Verantwortlichen kein Kopfzerbrechen: Sie glauben die Ursachen zu kennen und schaffen keine Abhilfe. »Erklärungsmanagement« nenne ich das. Diese Ignoranz gegenüber der Signalwirkung des Durchschnittserlöses gilt es zu durchbrechen, denn es ist völlig unerheblich, warum der Durchschnittserlös fällt. Denn wenn er fällt, geht dem Unternehmen immer Geldzufluss verloren. Ob dabei der Prozentsatz der Marge unverändert bleibt oder nicht.

Eine Marke als Wirtschaftsunternehmen aber lebt ungeachtet aller Begründungen ausschließlich davon, dass sich der Geldfluss stets vergrößert; denn mit steigender Geldmasse können wertigere Produkte entwickelt werden, die ihre Wertschöpfungskraft stärken. Marken müssen sich stets weiterentwickeln und aufwärts orientieren, um existieren zu können.

Mit fallenden Durchschnittserlösen entwickelt sich die Wirtschaftskraft der Marke jedoch zurück, selbst wenn die Prozentsätze keinen Anlass zur Sorge geben. Eine solche Rückentwicklung darf niemals akzeptiert werden, weil erstmalig fallende Durchschnittserlöse stets den Beginn eines Prozesses markieren. Wirkt man diesem Prozess nicht entschlossen entgegen, so entwickelt sich der Durchschnittserlös stetig weiter abwärts und führt das Unternehmen letztlich in finanzielle Schwierigkeiten. Der Durchschnittserlös sollte also schon deshalb als wichtigster Indikator des Unternehmens wieder belebt werden.

Die Spur der »Begründungen«

Ich hatte Ihnen ja weiter oben versprochen, dass aus der Kenntnis dieses Wertes noch mehr herauszuholen ist, bares Geld zum Beispiel. Dazu bedarf es auch keiner besonderen Anstrengungen, man muss einfach nur gut zuhören und etwas Spürsinn aufbringen: Zeigt die Kurve einen fallenden Durchschnittserlös an, so erweisen sich die im Unternehmen eingeholten Begründungen als präzise Ansatzstellen für die Korrektur. Hinter den unterschiedlichen Erklärungen verbergen sich exakt die Bereiche, die es zu analysieren und zu verändern gilt. Hört man als ›Erklärung‹ beispielsweise: »Der Anteil der ›niedrigpreisigen‹ Artikel am Sortiment ist höher«, muss man sich diese Relation im Zeitverlauf anschauen und ein für das Unternehmen günstigeres Verhältnis als Aufgabe an den Erklärer zurückreichen. So verfährt man auch mit allen anderen Erklärungen. Ist dieses oder jenes Produkt ein Zusatzgeschäft? Sind die Konditionen falsch eingestellt? Sind bestimmte Länder womöglich unrentabel?

Mit dem Durchschnittserlös bekommt der Unternehmensführer in jedem Fall ein Instrument in die Hand, mit dem er umgehend den Zustand der Marke bestimmen kann, um anschließend die ermittelten Problempunkte zu lösen: Damit der Durchschnittserlös wieder steigt und mehr Geld ins Unternehmen fließt.

Selbstbestimmte Markenführung

Wenn ich bei meinen Beratungen Fehlentwicklungen in der Markenführung erkenne, ist es mir immer wichtig, nicht nur den (gefährlichen) Endpunkt einer Entwicklung zu beschreiben, sondern auch das Systemische solcher Prozesse zu zeigen: Wie so etwas beginnt, gegebenenfalls mit einer Entscheidung, die in sich schlüssig ist und in der gegebenen Situation richtig zu sein scheint; wie aber die minimale Abweichung in eine falsche Richtung unweigerlich Folgeentscheidungen nach sich zieht, bis am Ende etwas herauskommt, was man nicht mehr in der Hand hat. Extrem formuliert, hat man in dynamischen Systemen eigentlich immer nur die erste Entscheidung wirklich frei – macht man etwas, oder macht man es nicht. Spätere Entscheidungen sind damit bereits programmiert, auch wenn man sich noch immer frei wähnt.

Diese Verläufe darzustellen, ist unabdingbar, weil nur durch ihr Verständnis geklärt werden kann, was in solchen Entwicklungen Frühwarnsignale sind und in welchen Momenten also einzugreifen ist. Das Geldversenken im Bermuda-Dreieck der Markenführung ist ja kein Schicksal. Wer einmal erkannt hat, wohin der Verzicht auf Selbstbestimmung führt, wird neu an die drei strategischen Felder der Markenführung herangehen und weder bei Sortiment und Distribution noch bei Preisen und Konditionen die Markeninteressen den Fremdbestimmungen opfern, von denen, meist im Namen von »Marktzwängen«, so gerne geredet wird. Und von diesen vermeintlichen Zwängen und ganz besonders von ihrer Aufhebung möchte ich abschließend noch einmal sprechen.

Die aufgezeigten Fehlentwicklungen sind keine Einzelfälle. Es handelt sich offensichtlich um kollektiv wirksame Muster, die flächendeckend verbreitet sind. Da ist die einfache Frage angebracht, wie es möglich ist, dass solche Fehlentwicklungen in allen Branchen ablaufen, und zwar in Unternehmen, wo es ein Controlling und viele weitere Kontrollinstrumente gibt; und in einer Management-Landschaft, in der noch nie so viel an Ausbildung und Wissen vorhanden war wie heute. Es muss einen seelischen Mechanismus geben, der diejenigen, die an Marken arbeiten, einfach verführt und diese unselige, kollektive Neigung erzeugt, Mustern zu folgen, die in die

Fremdbestimmung führen. Nach meiner Erfahrung und Wahrnehmung in vielen Jahren von Sanierung und Markenberatung ist es die Vorstellung, eine Marke sei so etwas wie ein Empfänger; sie müsse wie ein Scanner arbeiten, der dem Markt und dem Umfeld Signale abzulauschen habe, um darauf dann so schnell wie möglich zu reagieren.

Das Unternehmen unter dem Druck seiner Außenbeziehungen

Ein Unternehmen, das mit seiner Marke in einem Markt arbeitet und mit ihm kommuniziert, unterhält mit seinem unmittelbaren und mittelbaren Umfeld viele Beziehungen. Die wichtigsten dieser Beziehungspunkte sind die folgenden: Handel, Lieferanten, Kundschaft, Banken, Aktionäre, Berater, Medien, Agenturen, Marktforscher, Trendforscher, Wettbewerber, Verbände. Mit diesem Umfeld steht eine Marke ununterbrochen in Beziehungen. Und jede dieser Größen der Außenwelt teilt dem Markenunternehmen ständig etwas mit, will etwas von der Marke oder – dann gilt es besonders aufzupassen – will etwas »zu Gunsten« der Marke.

Jede Information, die von draußen kommt, wirkt beeinflussend, und zwar aus dem einfachen Grunde, weil sie zu diesem Zweck gesendet wird. Zugleich sind all diese Informationen (meist medial) vernetzt. Handlungsempfehlungen werden von einer Bank ausgesprochen; die Bank hat sie von einem Wirtschaftsjournalisten, der sie gleichzeitig veröffentlicht, woraufhin sie von einem Beratungsunternehmen ins Programm genommen werden – was schließlich zu einer entsprechenden Frage des Aufsichtsrates an den Vorstand führt:»Haben Sie eigentlich schon Ihre Produktion verlagert? Von Ihrem Wettbewerber habe ich gerade gelesen, dass er neuerdings in China produziert. Und Ihre Kosten sind ja deutlich zu hoch.« Aus solchen Vorgängen ergibt sich ein ungeheurer Druck, der täglich auf die Unternehmen und ihr Management ausgeübt wird. Hier werden kollektive Handlungsvorgaben formuliert, die zu befolgen von allen Seiten angeraten wird.

Management-Trends sind ein gutes Beispiel: Irgendwo wird einer entdeckt und als Neuerung ausgerufen. Die Medien greifen ihn auf. Aus den USA kommt die erste Fallstudie und die zugehörige Management-Bibel. Ein typischer Fall war der Trend zur »Zentralisierung«. Da es genügend Kosten- und Führungsprobleme gab, sagte irgendjemand:»Man muss zentralisieren. Da liegt die Lösung.« Er wurde gehört, und weil er echte Nöte und

Probleme angesprochen hatte, wurde nun für alle Bereiche die Zentralisierung als Losung ausgegeben.

Jetzt kamen die Berater ins Spiel und analysierten und rechneten vor, was man dabei sparen könne. Dann wurden alle Teilsysteme umgestellt und sieben Jahre lang zentralisiert. Und was passierte nach diesen sieben Jahren? Die Dezentralisierung wurde ausgerufen; natürlich nicht unter diesem Titel. Etwas feiner gestrickt hieß es dann:»Kundennähe. Man muss mehr Verantwortung an die Front verlagern.«

Was bedeutet dergleichen für den, der die Marke führt und täglich all diesen Impulsen ausgesetzt ist? Es bedeutet Druck, das zu machen, was alle machen. Ich habe in meiner Beratungspraxis keine Gesetzmäßigkeit angetroffen, die derart nachhaltig wirkt und Marken so leicht in die Fremdbestimmung führen kann.

Unterstützt wird das nach Außen gerichtete Denken schließlich auch durch analoge Marketing-Prinzipien: Du musst genau wissen, was draußen los ist; du musst die Produkte der Wettbewerber kennen, über alles, was draußen los ist, informiert sein. Du musst immer dafür sorgen, dass du dabei bist, und am besten noch mit vorauseilendem Gehorsam. Dieser Druck erhält natürlich auch sein rechtfertigendes Label:»Wir leben schließlich in einer Informationsgesellschaft«, nennt man es zur Zeit. Schon ist man fast ethisch verpflichtet, sich alles einzuverleiben, was von den »Informationsträgern« angedient wird. Und wer will schon widersprechen, wenn er gesagt bekommt:»Informationsvorsprung ist heute Machtvorsprung«?

Was bedeutet es aber für das Unternehmen, wenn das ganze System auf Empfang geschaltet ist? Der Handlungsrhythmus ist dann hochgradig durch Impulse von außen gesteuert und das Unternehmen ständig mit der Verarbeitung von Signalen beschäftigt, die von außen kommen. Egal, wo Sie sich bewegen – Sie hören überall:»Du musst, du musst.« Klar, dass Ihre Marke unter Anpassungsdruck gerät. Und da alle miteinander konkurrierenden Marken in einer Branche die gleichen Informationen in sich aufnehmen, passen sie sich ungewollt immer auch mehr aneinander an; sie werden praktisch zum Spiegelbild des Marktes.

Nur ein Beispiel: Ein Produktmanager führte mir eine überarbeitete Verpackung (Haushaltsreiniger) vor, die so aussah wie die des Wettbewerbers. Vorher gab es noch einen Unterschied, aber nach der Überarbeitung sah sie wirklich aus wie die des Konkurrenten: gleiche Typografie, gleiches

Layout, gleiche Flaschenform. Auf den Einwand: »Das sieht doch zum Verwechseln ähnlich aus«, entgegnete er mir: »Es gibt in dieser Produktkategorie auch so etwas wie eine Kleiderordnung.« Und offensichtlich in seinem Gehirn ein Programm, das die Erfüllung dieser Vorgabe verlangte. Wer nach dieser Denkrichtung die Differenzen zu seinen Wettbewerbern immer weiter abbaut, hat im Management eines Markenunternehmens im Grunde nichts mehr zu suchen.

Auf Empfang geschaltet zu werden, kann nicht das Programm für eine Marke sein. Das Gegenteil ist richtig: Eine Marke ist ein Sender. Sie macht ihr Geschäft und ihren Erfolg mit der Sendeleistung, weil sie auf ihr Umfeld bestimmend wirken will und etwas Spezifisches sein muss – und dies auch nach allen Seiten, an alle Beziehungspunkte, zu vermitteln hat.

Das gilt erst recht gegenüber der Kundschaft. Die Gestalt einer Marke ergibt sich nicht aus Befragungen, sondern aus Ideen und Entwicklungen eines Unternehmens. Das Abtasten der potenziellen Kundschaft kann hin und wieder nützliche Informationen erbringen, hat aber seine Grenzen, und zwar engere, als uns die vielen Marktforschungen glauben machen wollen. Am sichersten ist es noch immer, wenn man seine Kundschaft nach Problemen fragt. Dann besteht die Chance zu markenindividuellen Lösungen. Wer freilich dieses Umfeld nicht nach seinen Problemen, sondern nach seinen Wünschen befragt, läuft immer Gefahr, dass ihm erzählt wird, was man von seinen Konkurrenten schon kennt. Denn Kunden sind nicht kreativ. Das Schöpferische kommt von innen, nicht von außen.

Gehen Sie also auf Sendung

Aus diesen Erfahrungen und Einsichten folgt die Aufgabe der Markenführung: Auf Sendung gehen! Das bedeutet: Die Einflüsse entlang der Beziehungslinien umdrehen und senden, statt zu empfangen. Natürlich ist das eine gigantische Aufgabe, wenn man alle Außenbeziehungen der Marke bedenkt. Deshalb empfehle ich als Erstes: Klären Sie, was Sie senden wollen, was alle zu senden haben, die in Ihrer Firma arbeiten.

Und dann nehmen Sie sich nicht zu viel auf einmal vor. Man kann nicht an sämtlichen Stellen gleichzeitig den Empfang abstellen und auf Sendung gehen. Aber man kann bestimmte Stellen heraussuchen, an denen man beginnt. Am besten fängt man dort an, wo man Herr der Sache ist, wo es also nicht allzu schwer fällt, ein anderes Verhalten durchzusetzen; und wo idealerweise mit einer Maßnahme ein Effekt in der Breite erzielt wird, Maßnahmen mit großer Hebelwirkung also. Drei Beispiele mögen zeigen, was es heißen kann, die Beeinflussungsrichtung umzudrehen und die Marke wieder zum Sender zu machen.

Wettbewerbsbeobachtung verbieten

Verbieten Sie dem Außendienst, den Wettbewerb zu beobachten. Heutzutage ist es leider üblich, dass er dazu verpflichtet ist. Drehen Sie es um und legen Sie per Order fest:»In Außendienst-Berichten darf nichts mehr über den Wettbewerb gesagt werden – weder mündlich noch schriftlich.« Ich empfehle ihnen diese Maßnahme aus leidvoller Erfahrung. Unter wirklich extremen Bedingungen habe ich sie mehrere Male anwenden müssen.

Sie stoßen zunächst auf völliges Unverständnis:»Der will nichts mehr über den Wettbewerber wissen.« Doch natürlich, aber nicht länger mit Hilfe des Außendienstes. Warum nicht? Erstens, weil ein Außendienstler, wenn er systematisch über den Wettbewerb berichten muss, sich mehr mit diesem als mit der eigenen Marke beschäftigt. Zweitens stößt ihr Außendienst dabei auf folgende Wettbewerbssituation: Es gibt dort zwanzig oder mehr Marken; und Sie können davon ausgehen, dass jede Marke irgendetwas besonders gut kann. Die eine ist besonders billig, die andere liefert eine hohe Marge, die nächste hat besondere Produkte, die übernächste macht die größte Werbung usw. Aus solchen Beobachtungen entsteht über die Zeit in den Köpfen des Außendienstes ein Superwettbewerber, der alles besser und gegen den man überhaupt nicht ankommen kann. Das bedeutet: Das eigene Unternehmen und die Leistungen der eigenen Marke werden immer mehr relativiert. Drittens verschafft sich der Außendienst mit der verschriftlichten Beobachtung der Wettbewerber-Aktivitäten unbewusst die Erklärung, warum er mit seinen Anstrengungen so wenig Erfolg hat.

Wenn Sie die Wettbewerbsbeobachtung tatsächlich abstellen, werden Sie auf unglaublichen Widerstand stoßen. Bleiben Sie hart:»Ein Bericht mit Hinweisen auf Wettbewerber kommt in den Papierkorb und gilt als nicht geschrieben.« Mündliche Berichte (»Ich würde Ihnen gerne mal was erzählen«) müssen mit der gleichen Konsequenz unterbunden werden. Auch nicht Bange machen lassen, dass man mit Scheuklappen herumlaufe. Als

Verantwortlicher für das Wohlergehen der Firma erfahren Sie ohnehin das Wichtige, das um Sie herum passiert. Und außerdem kann man für eine seriöse, gezielte Wettbewerbsbeobachtung noch immer die Marktforschung einschalten. Die verfolgt mit ihren Berichten wenigstens keine eigenen Absichten.

Es ist unglaublich schwierig, so etwas abzustellen. Aber was passiert, wenn Sie wirklich hart bleiben? Die Menschen sind von Natur aus konstruktiv. In den ersten Wochen stehen in den Berichten nur Dinge, die nichts bedeuten und signalisieren, dass der Mitarbeiter seine eigentliche Aufgabe erst wieder entdecken muss, nämlich draußen für die eigene Marke zu arbeiten. Aber dann, wenn Sie ihrem Außendienstmitarbeiter gleichzeitig die richtigen Impulse aus der eigenen Firma geben, werden Sie sehen, das er Schritt für Schritt anfängt, die Vorgaben richtig einzusetzen, und schließlich Berichte abgibt, in denen steht, was er für die Marke getan hat.

Wenn Sie den Schalter umlegen, werden Sie sehen, dass die mannschaftliche Überzeugung von den Leistungen der eigenen Marke zunimmt und auch die Gespräche mit dem Handel besser werden, weil der Außendienst mit viel mehr Kraft von den Vorteilen der eigenen Produkte spricht. Kurz: Er ist auf Sendung gegangen.

Den Einfluss der Werbeagentur unter Kontrolle bringen

Wenn Sie mit Werbeagenturen zu tun haben, sollten Sie verhindern, dass sie Ihnen und Ihren Mitarbeitern von neuen Gestaltungstrends erzählen, von Veränderungen der Wahrnehmungsgewohnheiten (»Die neue Grammatik des Sehens«) und Ähnlichem. Sie sollten wissen, dass derartige Aussagen bewusst oder unbewusst immer dazu dienen, die eingereichten Gestaltungsvorschläge plausibel erscheinen zu lassen. Doch wie erwehrt man sich dieser Beeinflussungen?

Durch ein einfaches Mittel: Sie untersagen den Agenturen, bei der Präsentation von Werbung irgendeine Art von Vorrede zu halten. Bereits beim Briefing-Gespräch bestimmen Sie: »Es wird keine Gelegenheit geben, die Vorschläge auf irgendeine Weise vorweg zu erläutern oder zu begründen. Sie können sie nur zeigen. Keine Einleitungen, keine strategischen Herleitungen.« Und keine eigene Marktforschung der Agentur, selbst wenn sie anscheinend harmlos deklariert ist als »Consumer insights«. Wenn Sie sich so verhalten, wird man nicht mehr versuchen, Sie bei der Vorlage der Werbevorschläge in ihrer Wahrnehmung zu manipulieren. Sie können dann fast wie ein Konsument darauf schauen. Dass man danach über vieles reden kann, bleibt unbenommen. Es geht nur um das Vorab.

Dieses Verbot hat einen weiteren guten Effekt. Die Werbeagentur setzt alle ihre Energie darein, Werbemittel vorzuschlagen, die von sich aus überzeugend sind. Die Agentur verwendet keine unnötige Energie mehr auf die Präsentation selbst. Das bedeutet übrigens auch, dass sie bis zum Schluss an der Erarbeitung der Werbemittel sitzt. Andernfalls sagt sich nämlich die Agentur: Vierzehn Tage vor der Präsentation muss die Kampagne stehen, denn dann müssen wir anfangen, die Präsentation vorzubereiten. Das Verbot der Vorreden ergänzen Sie deshalb am besten gleich auch durch ein Verbot von Präsentations-Booklets. Kopien der eingereichten Arbeiten müssen genügen.

So fließt die ganze Energie der Agentur in das, was Sie wollen, nämlich in die Gestaltung einer Werbung, die Ihrer Marke entspricht, die die Stilistik des Hauses repräsentiert und zu verkaufen hilft. Sie sind nicht mehr länger der Empfänger mythischer und kultischer Messages, sondern Sender Ihrer spezifischen Botschaft. Obwohl die Vorteile eines solchen Vorgehens auf der Hand liegen, wird nicht nur die Agentur, sondern auch die eigene Mannschaft, die mit der Agentur zusammenarbeitet, gegen diese Regelung Einspruch erheben. Bestehen Sie trotzdem darauf. Denn sie ernüchtert einen Arbeitsprozess, in dem über sehr viel Geld entschieden wird.

Stärken- statt Schwächenanalyse

Eine der besten Übungen, um auf Sendung zu gehen, ist die Analyse der eigenen Stärken. Wenn ich in ein Unternehmen komme, schlage ich als eine der ersten Fragerunden eine Stärkenanalyse vor. Und nahezu regelmäßig wird mir geantwortet: »Sie meinen eine Stärken-Schwächen-Analyse?!« Nein. Ich meine eine Stärken-Analyse. »Aber das geht doch nicht; man muss doch Stärken und Schwächen gleichermaßen bearbeiten.« An dieser Stelle muss man sich gegen ein Programm im Kopf wappnen, das sich leider verfestigt hat, aber nichtsdestotrotz falsch ist.

Denn die Stärken sind es, die ein Unternehmen stark machen und derentwegen es von seiner Kundschaft geliebt wird. Der aktuelle Umsatz hat seine Ursache nicht in den Schwächen der Firma. Meine Empfehlung also: Lassen Sie Abteilungen oder Gruppen sich zusammensetzen und gemeinsam nach den Stärken fragen. Auch hier ist der erste Eindruck eines solchen Workshops ziemlich ernüchternd. Kaum hat einer eine Stärke benannt, wird sie von einem anderen in Zweifel gezogen.»Das sind wir gar nicht mehr«, oder:»Das können andere inzwischen auch.« Nur mühsam, mitunter erst nach Stunden, finden sich auf der Liste einige wenige, einhellig bejahte positive Statements.

Wenn man dann die Negativ-Liste eröffnet, erlebt man sein blaues Wunder. Schwächen werden in einem solchem Tempo aufgerufen, dass man kaum mitzuschreiben im Stande ist. Und kaum einer widerspricht. Schaut man sich die so genannten Schwächen dann genauer an, stellt man fest, das es zwei Arten gibt: Entweder sind es richtige Fehler im Verhalten der Firma, oder es gilt als Schwäche, dass man nicht dasselbe kann wie der Wettbewerber. Die erste Sorte gehört schlicht und einfach abgestellt. Die zweite Sorte ist eine Frage der eigenen Positionierung, der Grenzziehung, der Profilierung der eigenen Marke. Würde man dort alles ausgleichen wollen, sähe man seinem Wettbewerber schließlich ähnlich, ohne ihn allerdings einholen oder gar überholen zu können.

Deshalb Stärken bewusst machen und Stärken nach vorn! Das ist ein ebenso erhellender wie motivierender Vorgang. Danach wird die Beziehung zur Außenwelt eine andere sein. Die Mannschaft hört auf, pausenlos zu erzählen, die Wettbewerber seien besser. Den eigenen Stärken muss die Aufmerksamkeit und die Energie der Belegschaft gelten. Nur im Bewusstsein der Stärken kann sie im Markt bestehen, nur damit kann die Marke auf Sendung gehen.

Zum Schluss ein persönlicher Hinweis. So undramatisch die drei genannten Beispiele erscheinen mögen, jede Umstellung von Empfang auf Sendung stellt einen Eingriff in Gewohnheiten dar, die sich im ganzen Unternehmen ausgebreitet haben. Groß ist deshalb auch die Neigung, die Verantwortung für ein geändertes Verhalten weiterzureichen. Es müsse erst einmal von ganz oben ein Zeichen gesetzt werden, bevor man als Einzelner sinnvoll etwas unternehmen könne, oder es müsse erst einmal eine Gesamtstrategie entwickelt werden. Solche Bedingungen zu stellen, lähmt jedoch und läuft am Ende darauf hinaus, dass gar nichts geschieht.

Deshalb meine persönliche Empfehlung: Suchen Sie in Ihrem eigenen Verantwortungsbereich die Stellen, an denen Sie aktiv werden können, ohne auf andere angewiesen zu sein. Klären Sie für sich, was die Ihnen anvertraute Marke stärken kann. Wählen Sie einen Punkt aus, bei dem Sie sicher sind, Ihren Willen auch durchsetzen zu können; und bleiben Sie dran. Gehen Sie ein erstes Mal erfolgreich auf Sendung. Ein gutes, konkretes Beispiel abzugeben, ist noch immer eine der wirkungsvollsten Führungsmethoden. So etwas kräftigt die Seele, die eigene Stellung und mobilisiert die Nächsten. Und so kann sich aus dem Einzelfall und seiner Vernetzung mit einem weiteren Einzelfall ein vernünftiger Ansatz für eine im Tagesgeschäft verankerte Strategie entwickeln; eine Strategie also, die mit jedem weiteren Tag mehr Kontur und Durchsetzungskraft entwickelt.

Nachwort: Die Grenzen der Marke aktiv managen

Prof. Dr. Alexander Deichsel

Wer als Hersteller schon einmal festen Herzens entschied: »Nein, in diesen Distributionskanal gehen wir nicht«, obwohl er schnell einen Umsatzschub ausgelöst hätte, oder wer als Händler einer Kundin gegenüber mit fester Stimme antwortete: »Nein, Madame, das führen wir nicht, und so etwas werden Sie in unserem Hause auch nie finden« – der weiß von der Kraft der Grenze. Er widersteht den Verlockungen des Aufmachens, des Öffnens und vertraut seinem Wertbewusstsein. Und er macht eine wichtige Erfahrung: Nein-Sagen stärkt.[1]

Grenze erzeugt Energie

Weil es nach innen komprimiert. Wir können das im eigenen Leben oft genug erfahren. Wenn man sich nach vielen Zweifeln und inneren Prüfungen zum Verzicht, zu einer Absage durchgerungen, wenn man also die neuen Möglichkeiten, die lockende Erweiterung nicht ergriffen hat, springt unsere geistige Aktivität um. Beschäftigte sie sich während der Phase des Nach-Draußen-Schauens mit dem Fremden, Neuen und ließ sich in der Phase der Entscheidungssuche von Einflüssen ängstlich hin- und herzerren, so bündelt sie nach dem Schnitt sogleich alle vorhandenen Stärken. Wir wissen – besser als zuvor –, wo es langgeht. Wenn man Nein gesagt hat, kräftigt sich das Ja, welches das Nein hervorgebracht hat. Der Entschluss zur Grenze klärt die innere Linie und erhöht deren Durchsetzungswillen. Die selbst hervorgebrachte Begrenzung verdichtet das eigene Wollen und erzeugt auf diese Weise noch mehr innere Energie.

Dieses Prinzip des aufmerksamen Wahrnehmens aller energetischen Ströme und des Abschottens gegen falsche Einspritzungen – also das Gegenteil

---

1 Vgl. Manfred Schmidt: Markenschutz durch geregelte Distribution. Eine Erfahrung fürs Leben. In: Jahrbuch Markentechnik 1995, S. 97–112.

von *Benchmarking!* – ist das Arbeitsprinzip des Motors: Er führt sich die für ihn richtigen Energien zu und verdichtet sie innerhalb seines Blocks. Die zugeführten Energien sind genau definiert. Und was für Wände hat dieser Block! Manchmal platzen Motoren – das ist ihre Art zu zweifeln. Der Motor hat sich von Außen unpassende Energien zugeführt, die ihn zerreißen. Seine maximale Leistung erreicht der Motor bei perfekter Balance zwischen den aufgenommenen Energiemischungen, der eigenen Leistungskonzeption, dem erzeugten inneren Höchstdruck und dem stählernen Nein der eigenen Grenzen.

Der vom Menschen erdachte Motor ist nicht nur eine Simulation unseres seelischen Energiesystems – auch das Energiesystem Marke arbeitet wie ein Motor. Die ihm zugeführten Energien – Rohstoffe, Ideen, Geld, Mitarbeiter, Kunden – werden unter hohem Willensdruck verdichtet und in Energie umgewandelt, erst in Anziehungsenergien, dann in Bindungsenergie, die schließlich zu Erlösenergie führt. Die Kompression bringt die Leistung hervor, und Kompression ist nur machbar innerhalb deutlicher Grenzen. Verdichtung und Energiebildung werden möglich – allein in Relation zu den Wänden des Motorblocks.

Der Motor ist freilich ein mechanisches, die Marke ein lebendes System. Aber beide Systeme sind wesensverwandt. Sie erzeugen Energie durch Kompression, und die Qualität der erzeugten Energie ist ursächlich verbunden mit der Art der Systemgrenzen. Allerdings: Die ehernen Gehäuse des Motors gibt es seriell, das eherne Gehäuse der Marke muss individuell organisiert werden. Aber auch hier gilt: Die Kompression gelingt nur innerhalb klarer Räume. Halten wir deshalb als Erstes fest: *Jedes Nein entwickelt das Ja.*

Das Thema Grenze ist unpopulär. Denn wir leben in einer Welt, die sich endgültig zu öffnen scheint. Grenzen sollen überwunden werden. Ob Preisgrenzen, Landesgrenzen, Schamgrenzen – verbreitet ist die Auffassung, dass Grenzen be-grenzen, hemmen, hindern, und zwar den sympathischen Drang in die Breite. Die elektronische Vernetzung ist die jüngste Illusion einer grenzenlosen Welt – alles wird überall verfügbar.

Alle schwärmen von der grenzenlosen Welt ... Viele freuen sich, denn das Reisen wird einfacher. Aber weshalb reist man? Weil man irgendwo eine Grenze sieht, die lockt. Die Ideologie der freiwilligen Grenzöffnung und der Grenzenlosigkeit ist eine gefährliche Epidemie, und Epidemien schwächen bekanntlich, wenn das Immunsystem nicht funktioniert.

Deshalb ist das Thema dringlich. Denn wie sieht es heute auf der Erdoberfläche aus? In dem Maße, in dem staatliche Grenzen sinken, zeigt sich kulturelle Gestalt. Wie mir kürzlich der Geschäftsführer des französischen Markenverbandes ein wenig verschmitzt, aber klar in der Sache erklärte: »N'oubliez pas, cher Monsieur: Entre Paris et Berlin, il y a toujours le Rhin qui coule.« Je schneller die Bewegungen in der Fläche, desto wichtiger werden Erhebungen. Je mehr Europa, desto wichtiger der Ort. Je mehr Globalisierung, desto wichtiger die Marke. Jeder Ort steht vor der Wahl: Durchgangsfläche zu werden oder Zielpunkt, Autobahnausfahrt oder Sehenswürdigkeit. Jedes Unternehmen steht vor der Wahl, ein markiertes Produkt zu produzieren oder eine Marke. Der leichtere Kontakt erhöht die Vergleichbarkeit und verschärft den Wettbewerb. Den besteht nur der Wertbewusste, der weiß, wann er Nein sagen muss. Halten wir also als Zweites fest: Starke Marken brauchen starke Grenzen.

Leistungswille ist Grenzwille

Dieser Sachverhalt ist keine Borniertheit verstockter Provinzler. Vielmehr ist jede lebensfähige Form durch Grenze charakterisiert. Als anfassbarer Körper ist sie Haut, Fell oder Rinde, als geografisches Gebiet zeigt sie sich als Mauer, Gebirge oder Fluss, und als geistiger Raum ist sie Argument, Urteil oder Stil. Grenze ist Bedingung für In-Halt und Aus-Druck. Ohne Grenze ist das Leben formlos. Als élan vital ist es zwar Bewegung, aber ohne Beharrung. Das Leben hätte kein Gedächtnis, es würde nur fließen.[2]

Für die Markenführung ist Grenzsicherung lebensentscheidend. Je stärker der Wille zur Grenze, desto mehr Energie erzeugt das Markensystem und desto beständiger arbeitet es. Der Spezialist mit seinem Angebot ist ein gutes Beispiel. Seinen Ruf verdankt er einem klar abgegrenzten Gebiet, auf dem er der Experte ist. Sein ›Motorblock‹ ist sofort erkennbar. Das Managen von Grenze gehört zu den Basics, die der Markenverantwortliche beherrschen muss. Entsprechende Gesetzmäßigkeiten sind durch die Markensoziologie freigelegt; es gilt, sie zu nutzen. Andernfalls wird Energie vergeudet. Fassen wir also zusammen:

- Grenze setzt Differenz, weil sie Folge von individueller Leistung ist und Bedingung für deren Dauer.

---

2 Vgl. Henri Bergson: L'Energie spirituelle, Paris 1919.

- Grenze verdichtet nach innen, weil sie Kraft aus dem eigenen Lebensprinzip ermöglicht.

- Schließlich, und das ist das entscheidende Resultat des eben Gesagten: Grenze zieht an. Eroberungskriege und Tourismus belegen es. Die Erzeugung von Attraktivität aber ist bekanntlich Voraussetzung für die Bildung von Kundschaft.

Wir kommen also zu einem gänzlich anderen Sachverhalt: Grenzen sind sinnvoll. Je wertbewusster ein Markenwille, desto schärfer sein Grenzwille. Das Paradox ist, wie so oft, tiefe Wahrheit: Grenzen binden – *weil sie trennen*. (Nicht, weil sie öffnen.)

Das Eigene vom Wettbewerber, das Drinnen vom Draußen, das Oben vom Unten. Im Folgenden sollen diese drei Funktionen von Grenze veranschaulicht werden, denn die hier zu betrachtende Aufgabe heißt: Grenzen so managen, dass kraftvolle Wirtschaftskörper entstehen.

Abgrenzen: Das Energiesystem Marke als Monade

Legen wir einmal das Urmuster frei, das den Systemen, den organischen wie den technischen, zu Grunde liegt. Kluge und erfahrene Denker haben es schon seit langem entdeckt: Der Motor des Lebens ist die Monade. Die Monade ist eine in Gestalt gebrachte Leistung, die einen stimmigen Energiekörper ausgebildet hat. Die Blume ist ein Beispiel, ein Mensch, eine zum Plan ausgereifte Idee, eine Kultur. Starke Marken sind Monaden. Monas (altgr.) bedeutet Einheit. Jede Monade ist Schöpfung, sie lebt aus einem, ihrem einzigartigen Prinzip heraus, das den ganzen Gestaltkörper beständig speist und dessen Erneuerung reguliert.

Die Monade hat keine Fenster, wie Wilhelm Leibniz beschreibt, aber tausend Poren.[3] Das will sagen, sie ist gestalthaft dicht, aber energetisch offen. Sie bleibt im Wechsel ihrer Teile eines, obwohl sie sich intensivst mit ihrer Umwelt austauscht. So wie Gertrude Stein es dichtete: Eine Rose lebt in einem Garten, auf einem Balkon, in einer Vase – aber eine Rose bleibt eine Rose bleibt eine Rose ... Friedrich Wilhelm Hegel erinnerte daran, dass im

---

3 Gottfried Wilhelm Leibniz: Monadologie. Zuerst: 1714; div. Ausgabe, u.a. Reclam Universal Bibliothek Nr. 7853, Stuttgart 1998.

Samenkorn bereits die Blüte wartet, und in einer Bach'schen Fuge liegen im Thema schon alle Variationen auf der Lauer.[4]

Der Instinktwille der Rose ist allerdings durch den bewussten, hoch angestrengten Gestaltungswillen des Markenführers zu ersetzen. Kulturgrenzen müssen gewollt werden, sonst gibt es sie nicht. Marken sind Kulturlebewesen, und also gilt Gleiches für sie.[5] Wie also instrumentiert ein Unternehmen diesen Grenzwillen? Mittels welcher Materialien organisiert es seine Grenzen?

Den Grenzwillen instrumentieren

Ein Markenterritorium kann sich nicht mit Gebirgen, Flüssen oder Mauern begrenzen. Es braucht Hindernisse geistiger Art: Erfahrungen und Urteile in der Kundschaft. Das Herrschaftsgebiet einer Marke reicht so weit, wie das positive Vorurteil ihren Leistungen gegenüber in einem ihrer Kunden irgendwo auf der Erdoberfläche vorhanden ist. Dicht neben diesem Vorurteil, jenseits dieser Grenze, beginnt das Territorium einer anderen Marke. Weil im Kundenbewusstsein dutzende Marken um die Herrschaft kämpfen, muss das Vorurteil stetig mit selbsthänlichen Erfahrungen beliefert werden, denn die Vorurteile der Kundschaft sind das beste Bollwerk gegen angreifende Marken der Wettbewerber.

Dieses Bollwerk konstituiert sich aus hunderten von sinnlich wahrnehmbaren Realien: Aus Gegenständen, Zeichen, Klängen, Gesten, aus Gerüchen, aus Bewegungen, aus Handlungen, aus Berichten der Massenpublizistik … Diese unterschiedlichen Realien müssen so geführt werden, dass sie eine nach außen einheitliche Grenze bilden, denn die Kundschaft will sie als Gestalteinheit erfahren. Nur so gelingt dem Kunden das abgrenzende Urteil gegen die Wettbewerber.

---

4 Des Weiteren führt der Anfang einer Fuge, wie aus der Partitur ersichtlich wird, bereits alle polyphon-eigenständigen Stimmen ein, die bis zu ihrem Einsatz »als pausierend in ihrem jeweiligen System eingetragen sind« (Birgit Anders: Die Marke als Fuge. Untersuchungen zum Verhältnis von musikalischer Gestaltstruktur und Markenführung, unv. Diplomarbeit, Hamburg 2000, S. 80). Siehe neuerdings auch Klaus Brandmeyer, Hermann Raue: Die selbsthänliche Wiederholung – Erfolgsprinzip aller populären Musik. In: Jahrbuch Markentechnik 2002/2003, S. 347–366.

5 Zu den Kulturkriegen der Gegenwart siehe etwa J. Davison Hunter: Culture Wars. The Struggle to define America, New York 1991.

Unterstellen wir einmal, dass der Mensch nach einer im Einzelnen nicht mehr zu rekonstruierenden Kampfphase sich auf der bereits fertigen Erdoberfläche an einer Stelle – wahrscheinlich im Ostafrikanischen Graben, also in der Gegend des heutigen Tansania – herausmutiert hat, wir also tatsächlich alle miteinander verwandt sind, so ist seine Geschichte als ein Kampf um Differenzierung zu verstehen. Seit einer Million Jahre hat er nichts Besseres zu tun, als seinen Clan unterscheidbar zu machen – gegen den Rest der Welt. Dieser Prozess ist, beschleunigt, in vollem Gange. Deshalb entstehen immer mehr Grenzen.

Aus welchen sinnlich wahrnehmbaren Realien bestehen diese Grenzen? Aus Klängen, beispielsweise aus Sprache, aus Rhythmen, wie man an den Tänzen studieren kann, aus Farben, wie Keramik und Zeichnungen zeigen, aus Bauformen, wie die Geschichte der Architektur uns vorführt, aus Stoff und Schnitt ihrer Kleidung, aus der schier unendlich vielfältigen Formgebung von funktional gleichen Gegenständen, wie Schüsseln, Jagdgeräten und Schmuck.

Aber auch durch komplexe Muster ihres gestaltbildenden Geistes, denn sie grenzen sich ab durch ihre Gewohnheiten, Feste und Götter, durch Arten, die Welt zu verstehen und zu deuten. Auf diese Weise sind Milliarden unterschiedlicher Kulturotope entstanden, Kollektive, die allein die Funktion haben, abzugrenzen. Ganz offensichtlich liegt dem Menschen daran, nicht nur ein Einfall der Natur zu sein, sondern als dieser Einfall auch selber ständig Einfälle zu haben. Und jeder kräftige Einfall schafft Differenz. Jeder Völkerschaft gelingt es, einen jeweils eigenen Gestaltraum aufzubauen, der besonderes Leben, eigenes Bewusstsein und einen eigenen Leistungszusammenhang ermöglicht. Wenn er stark genug ist, wird er von anderen imitiert und weiterverwendet, beispielsweise von den eigenen Nachkommen.[6]

Dieser Differenzierungs- und Nachfolgewille liegt auch dem Entstehen von Marken zu Grunde. Nachgefolgt wird aber nur den gestaltstarken, und deutliche Gestalt bedeutet immer auch deutliche Grenze. Hier zeigt sich, dass Wirtschaften eine Kulturleistung ist. Gut geführte Marken sind kultu-

---

6   Zur Bedeutung des Zusammenhangs von invention und imitation für die Markenführung vgl. Gabriel Tarde: Das Gesetz der Nachahmung – Über die Entstehung von Sozialität. In: Jahrbuch Markentechnik 2002/03, S. 389–400.

relle Möglichkeiten zur Abgrenzung im alltäglichen Leben. Je schärfer diese Waffe, desto effektiver ihre Nutzung bei der Sicherung des Lebensraumes der Kunden. Jede Lebensäußerung einer starken Marke sollte diesen soziotopischen Grenzsicherungswillen der Kundschaft im Auge haben. Der »Kundschafts-Akku« muss stetig selbstähnliches Energiematerial für seine Außengrenzen zur Verfügung gestellt bekommen. Denn, wie gesagt, im Unterschied zum mechanischen Motor muss der kulturelle Motorblock Marke gewollt werden. Die Gestaltungsnormen für die Grenzen liefert sein inneres Prinzip, wie Leibniz sagen würde.[7] Die Gestaltungs-Realien liefert das Management eines markenbewussten Unternehmens.

Differenzierungs-Management

In der Natur treffen wir deshalb überall auf die gleichen Realien, mit deren Hilfe sich Spezies abgrenzen. Sie haben sich auch in der Menschheitsgeschichte bewährt und werden heute bei den Marken eingesetzt. Auszugsweise seien einige geschildert:

Farben:

Die Farbgebung, eine bei Pflanzen und Tieren wichtige Unterscheidungstechnik, wird auch von Markenkämpfern eingesetzt: Das Rosa ist in der Presse inzwischen die Farbe der ökonomischen Information – von der »Financial Times« über deren deutsche Variante und die *Inserts* in großen Tageszeitungen anderer Nationen, z.B. »Le Figaro«, »El País«, »24 Ore«, »EPENDÜTIS«. Das pink-lilafarbene Layout der »Gazetta Sportiva« hat sich ebenfalls international ausgebreitet und ist die Farbe für manche Sportbeilage geworden, beispielsweise im »Aftonbladet«.

Das Blau der größten Kosmetik-Marke der Welt wird seit mehr als siebzig Jahren – seit mindestens drei Generationen – hartnäckig durchgehalten. Die Gelb-Offensive der Deutschen Post nutzt ein Jahrhundertmuster. Das Grün von Palmers charakterisiert das ganze Markensystem – von der grünen Tinte über die grünen Krawatten bis zur grünen Dienstkleidung. Das Grün – wenn man es denn systemisch sieht: der Wille des Grün – verleiht

---

7 Zu den Gefahren mangelnden Grenzbewusstseins insbesondere im Handel vgl. Klaus Brandmeyer: Das verramschte Symbol. In: Klaus Brandmeyer: Achtung Marke. Hamburg 2002, S. 200–210.

sogar neue Namen: Die Verkäuferin wird mit der grünen Berufskleidung zu Frau Karin oder Frau Irene. Das Rot der Ferraris akzentuiert die Leistung durch ein konsequent durchgesetztes Gestaltelement. Die Roten und die Schwarzen, die Grünen und die Gelben – in der Politik sind Farben beliebte, in mancher gleichgemachten Programmähnlichkeit sogar die wichtigsten Grenzunterstützungen. Das Blau der UNO-Blauhelme war schon im Mittelalter die Farbe des versöhnenden Gottes.

Düfte:

Düfte sind vielleicht das wichtigste Grenzmittel in der Natur überhaupt. Insbesondere, weil sie dynamisch sind und sich ausbreiten. Sogar Steine verströmen etwas, was man riechen kann, wie mir ein Geologe versichert. Für eine Pflanze ist der verströmende Duft die einzige Art der räumlichen Ausdehnung, und Tiere setzen bekanntlich ihre Duftmarken, um ihr Territorium abzustecken.

Von den Menschen wird die territoriale Funktion von Düften ebenfalls seit alters her eingesetzt. Der Weihrauch in der katholischen Messe ist nur *ein* Beleg, die Kosmetik-Marken stellen dieses Instrument zum *Gebiets-Signalement* in schier unendlichen Arten zur Verfügung. Zahlreiche Leistungen nutzen den Duft der verwendeten Materialien und akzentuieren ihn, denken Sie an die Ledersitze im Auto und das Holz bei Ikea; die Cafés und Restaurants arbeiten damit ebenso wie die Versprechen der Werbung, wie etwa beim »Duft der großen weiten Welt« der Zigarette Peter Stuyvesant.

Reiseveranstalter setzen die Düfte von Orten ein, und bei den Getränken und Nahrungsmitteln sind Düfte ebenso Mittel, um Territorien abzustecken, wie sie heute als eingetragene Zeichen geschützt werden können: »The smell of fresh cut grass« ist kürzlich für einen britischen Tennisball-Hersteller vom Europäischen Markenamt in Alicante eingetragen worden.[8] Den Duft kann man, auch eine Besonderheit, tatsächlich hinterlassen – im Bewusstsein der Riechenden. An einer berühmten Stelle von Marcel Prousts Roman »Auf der Suche nach der verlorenen Zeit« wird der Erzähler durch den Duft eines *Madeleine*-Törtchens an Szenen aus seiner Jugend erinnert, die er sich schwelgerisch vergegenwärtigt. Durch Düfte werden Erinnerungsräume in unserem Bewusstsein mobilisiert, die ihre Wirkungen auf Kaufvorgänge haben. Anhaltender als bei den Farben schlägt das ästhetische Urteil zu, denn Düfte sind leiblich-organisch wirksam.

---

8 Vgl. Karl-Heinz Fezer: Kommentar zum Markenrecht. München 1997, S. 179f.

Klänge:

Dass wir vom Ur-Knall sprechen zeigt, wie elementar Geräusche für unsere Wahrnehmung sind. Die Entstehung des Universums ist eher aus einem Verdichtungsvorgang zu erklären denn aus einer Explosion. Explodieren kann nur etwas Komprimiertes, wie im Motor. Aber der Krach belebt unsere Phantasie, und so hängen wir an dieser Geräuschvorstellung.

Tatsächlich sind Klänge wichtige Elemente der Bindung und damit automatisch auch der Trennung. Musik kenne keine Grenzen, wird behauptet. Welch ein Irrtum! Zwar erkennen sich kulturell Verwandte sogleich am vertrauten Klang, aber die anderen wissen ebenso schnell, dass dieser Klang aus der Fremde kommt. Musik setzt sehr wohl Grenzen.

Geben Sie Ihrer Marke eine Stimme! Klang ist ein wirksames Bindemittel, der Melos der Marke eine wichtige Gestaltleistung. Der Klang einer Stimme sagt bereits etwas aus, bevor das Mitgeteilte informiert. Die hellen, heftigen, jungen Stimmen sind Hinweise für Neues, für Abwechslung und Flüchtigkeit. Aber allein die Hastigkeit des Sprechens signalisiert auch oft, dass nicht an das geglaubt wird, was gesagt wird. Der Eindruck von Clownerie entsteht, und Grenze baut sich dort auf, wo Bindung das Ziel ist, in der Werbung. Andere Klangführungen dagegen, ruhige, sonore Stimmen, bauen Vertrauen auf und binden.

Mittels der Stimme kann ein Markenterritorium selbstähnlich abgesteckt werden: Dieselbe Stimme kann immer wieder etwas anderes sagen. Die vertraute Stimme sorgt sogleich dafür, dass dem, was mitgeteilt wird, Vertrauen entgegengebracht wird. Deshalb trennen sich Nachrichtensendungen ungern von ihren Sprechern. Die Jingles sind in der Flut austauschbarer Klangfelder der Versuch, zeitliche Territorialsignale zu setzen und Orientierung zu ermöglichen. Das Leitmotiv führt den Wagner-Kenner durch komplexe Klangwelten, die vier Trommeltöne der BBC waren während des Zweiten Weltkrieges in ganz Europa Signal für vertrauenswürdige Informationsqualität.

Formen:

Irgendwie muss alles Wirkende in Form gebracht werden. Formen von Gegenständen sind dabei ebenso wichtig wie Umgangsformen und Formen des Stils. Prägnante Form grenzt sich aus dem Üblichen aus und taugt zu territorialem Gebietsschutz. Die Druckschrift der britischen Tageszeitung

»Times« wurde zur spezifischen Einzelschrift. Aus den fünf Buchstaben der Produktbezeichnung Nivea wurde ein Alphabet entwickelt und für die Marke Nivea insgesamt verpflichtend. Die Humpelrock-Flasche von Coca-Cola und der Nieren-Kühler von BMW sind Formschöpfungen, die das Markenterritorium in Millionen von Lebenssituationen erkennbar machen.

Die Form der Kleidung ist ein seit langem genutztes Instrument, Zugehörigkeit zu zeigen und dadurch Unterschiede herauszustellen. Die Kleidung grenzte Stände voneinander ab; die Uniformen ließen den Feind erkennen; weit geschnittene weiße Hemden signalisierten Ende des 19. Jahrhunderts sofort den Tolstoi-Anhänger; die Deutschen sprechen vom »Schiller-Kragen«, und im Karneval ist die Kleidung wichtiges Unterscheidungsmittel.

Was bedeutet das für die Markenführung? Es heißt: Prüfen Sie, ob Sie nicht eine Berufskleidung einführen. Dienstkleidung signalisiert sofort starken Eigenwillen und stärkt die Abgrenzung. Starke Grenze aber lockt, haben wir gelernt. Ob der Pilot im Rollkragenpullover ins Cockpit geht oder in seiner Pilotenuniform, hat direkte Auswirkungen auf die Passagiere in der Kabine, denn die Dienstkleidung trennt ihn von uns gewöhnlich Sterblichen in beruhigender Weise. Natürlich profitiert davon auch der Gauner, wie der Hauptmann von Köpenick es bewiesen hat. Kleider machen Leute, weil Kleider Grenzsetzung unterstützt. Im Markenrecht hat dies entsprechende Bedeutung erreicht. Längst schon können mehrdimensionale Formen rechtlich geschützt werden.

Rhythmisierung:

Ein äußerst wirksames Mittel, Unterschiede herauszuarbeiten, ist Rhythmisierung. Leben insgesamt ist rhythmisch. Wiederholungen sind der Beweis für starke Lebenszusammenhänge. Wir dürfen uns nicht selbst irritieren, wenn wir von später und früher, von Vergangenheit und Zukunft im linearen Zeitverlauf sprechen. Die chronometrische Zeit ist nur eine Kunstzeit, die eigentliche Zeit ist die rhythmisch-wiederholende, zyklische Zeit lebender Systeme. Die Markentechnik nennt diese Zeit die kairotische Zeit, die immer individuelle Zeit ist und die mit jedem lebenden System als neue Zeit in die Welt kommt und dem eigenen System seinen spezifischen Rhythmus gibt. Kairotische Zeit ist eine ruhigstellende Zeit, die dem entspricht, was die Christen mit Ewigkeit meinen.

Jedes Markensystem lebt aus dieser kairotischen Zeit heraus, denn diese rhythmisierte und also rhythmisierende Zeit ist die Zeit von Gemeinschaften. Markengemeinschaften sind rhythmisierte Wirtschaftszusammenhänge. Die Kunst der Markenführung besteht darin, diese »sozial-innere« Zeit mit der linearen Zeit so zu verknüpfen, dass die Reifung der inneren Zeit nicht durch die fremdbestimmende »rasende« Außenzeit zerstört wird, sondern im Gegenteil die eigene innere System-Zeit mit der Verbreitungskraft der linearen Zeit maximal verkoppelt wird.

Einige Beispiele mögen das veranschaulichen: der Erscheinungsmodus eines Periodikums, die gnadenlose Rhythmik der kulturellen Feste mit allen markenbezogenen Auswirkungen; die Jubiläen im privaten und öffentlichen Bereich; die Kampagnen von markenkräftigender Werbung; die Innovationspolitik im Produktbereich einer Marke; das Einklinken der eigenen Leistungen in kollektive Zeitmuster, wie beispielsweise die Woche bei Produkt-Angebotsprogrammen oder das Jahrhundert bei der Firmengeschichte – es gibt viele Möglichkeiten, ein Zeitmuster der eigenen Rhythmik zu unverwechselbaren Grenzbefestigungen ausgrenzender Art auszubauen. Der siegreiche Kampf des Walzers gegen das Menuett im 18. Jahrhundert sowie die Marschmusik und das Schunkeln – wenn Sie etwas finden, das Ihre Leistung in rhythmische Rückkoppelung zu bringen vermag, haben Sie eine besonders wirksame Grenzart zu fassen, die wie eine Zentrifuge die freien Elemente im Markt anzuziehen unterstützt. Auf solche Weise entstehen Gestalt-Gemeinschaften, die in einem wohl verstandenen Sinne als freiwillig zu Stande gekommene Kampf-Gemeinschaften erkennbar sind.

Die monadisch geführte Marke sichert die Erlöskraft

Farben, Formen, Klänge, Rhythmus sind einige der einsetzbaren massenseelischen Resonanzmittel. Sie etablieren das, was wir in der Markensoziologie die Gestaltleistung nennen. Durch diese Mittel wird eine andere Art von Bündnis geschaffen: ein Gestalt-Bündnis. Eine konsequent eingesetzte Farbe mobilisiert wortlos und blitzschnell Orientierung und Anhänglichkeit. Höchste Saugkraft wird ausgelöst. Kompositionen, Grafik, Schrift, die Stimmigkeit des Ganzen – alles gestalthafte Instrumente, die die Einheit nach außen, das eine Ding hervorrufen und damit die ökonomische Funktion von Gestaltdichte sicherstellen: soziale Anziehungskraft.

Die Aufgabe besteht also darin, die zahlreichen Realien an der Außenfläche des eigenen Markensystems, die in der Regel noch nie in dieser Weise zu einem Gestaltsystem haben zusammengeführt werden müssen, stimmig zu halten und der kompositorischen Tätigkeit der Kundschaft als Einheit anzubieten. Denn starke, erfolgreiche Marken sind Monaden, oder anders ausgedrückt: Immer wenn Marken erfolgreich sind, sind sie monadisch geführt worden, d.h. diszipliniert, nach dem eigenen Gesetz. Disziplin aber heißt: Abgrenzung – gegen das Zerfließen, gegen die momentanen Impulse der Dispersion, gegen das Auflösen.

Ein Drinnen schaffen, damit ein Draußen entsteht

Eine erste Art, mit Hilfe dieser Instrumente kollektive Kraft zu organisieren, besteht darin, ein Drinnen zu schaffen, an dem die Menschen draußen teilhaben wollen. In das pure Anderssein kommt nun Bewegung. Die Grenze grenzt nicht nur ab, der Grenz*übertritt* wird zum eigentlichen Problem, und zwar sowohl vom Draußen ins Drinnen wie auch vom Drinnen ins Draußen; entscheidend ist die Zuführung der richtigen, der passenden Elemente und das Abweisen der falschen, zerstörenden, damit: die Weiterführung, Vererbung des Systems, das Drinnen und Draußen also als Eintritt und als Rausschmiss – verramschender Händler beispielsweise.

Das Drinnen-Draußen-Muster ist ein wichtiges Lebensprinzip. Die Kaffeekränzchen und Stammtischrunden, die Vereine in ihrer unendlichen Vielfalt, die politischen Allianzen und die Vertriebssysteme – das Dabeisein und das Dichtmachen sichern ihre lebensstarken Impulse nur, wenn die Grenzen gemanagt werden. Das Energiesystem Marke besteht aus zahlreichen Menschen mit ihren Sonderinteressen, die in dem Maße gebunden werden können, in dem ein starkes Drinnen die Teilnahme für jeden lohnenswert macht.

Sozialität ruft A-Sozialität hervor

Auch diese Struktur ist eingebettet in ein soziologisches Grundmuster. Es lässt sich einfach charakterisieren: Wenn sich Gesichter zum Kreis schließen, sind sie für andere Rücken. Jede Verbindung kreiert Trennung. Durch jede Zusammenarbeit entsteht soziale Konfrontation. Generell formuliert ist dies der unaufhebbare Zusammenhang von Sozialem und A-Sozialem: Der Wille, etwas gemeinsam zu wollen, schafft automatisch Distanz zu allem, was es schon gibt; der Wille zum Sozialen schafft das A-Soziale. Der Mensch ist von Natur aus nicht nur soziales Wesen. Er braucht auch den Anderen, den Gegner, ja den Feind, der ihn vernichtet – oder besonders stark macht.

Aber weil wir so viele Rücken sehen, suchen wir nach Gesichtern. Die Feinde und also die A-Sozialität bringen uns auf Ideen, eigene Bündnissysteme herbeizuführen. Unsere Teams und Werkgemeinschaften, die sich um unsere spezifischen Leistungen herum aufgebaut haben, sind soziotopische Schöpfungen in einer Welt aus Rücken. In dem Maße, in dem die Leistung Gestalt wird, drehen sich draußen die Körper, und wir blicken in mehr und mehr Gesichter – unsere Kundschaft entsteht. Das gilt nicht nur für Rücken aus Fleisch und Blut, sondern auch für Rücken aus Tinte und Papier. Buchrücken, Zeitungsrücken, öffentliche Meinungen sind an der Erschaffung unseres Drinnen intensivst beteiligt.

Dramatisch spitzt sich diese Abgrenzung in der Feindschaft zu. Verdrängungswettbewerb ist binär: Ihr oder wir – tertium non datur. Feindschaft ist die deutlichste Realität von Grenze. Der Krieg, der hier tobt, arbeitet nicht mit roher Gewalt. Er kennt allein die feinstoffliche Gewalt der Bündnisbildung durch Leistung, geistige Leistung, die Kundschaft bildet. Zurück bleiben Schwache, keine Toten. Schwachen kann geholfen werden, wenn Marken Wohlstand erwirtschaften.

Das war das Konzept der Sozialen Marktwirtschaft von Prof. Ludwig Erhardt. Nicht Kanonen- sondern Leistungsdonner ist deren Gefechtsstil. Dieser Krieg wird allein über Markenkraft entschieden.

Die Zugänge kontrollieren

Damit entsteht das Problem des Zugangs. Denn das Markensystem braucht frische Energie. Sie kommt grundsätzlich von außen – bei der Marke durch neue Mitarbeiter, neue Rohstoffe, neue Kunden und ihr Geld. Also ist zu entscheiden: Wen und was lasse ich herein! Da wir aus der Markensoziologie wissen, dass die Anziehungskraft eines Gestaltsystems in dem Maße zunimmt, in dem es selbstähnlich geführt wird, gibt es normative Messwerte, die den Zugang selektieren. Die eigene Leistungsbesonderheit darf nur durch affine Elemente ergänzt und verstärkt werden, fremde Elemente stören und zerstören durch Wechselstrom den Kundschafts-Akku.

Ein Blick in die Welt zeigt, dass es höchst unterschiedliche Eintrittsbillets gibt. Die *Kids* üben dieses auf dem Schulhof: In der einen Ecke stehen die mit den Puma-, in der anderen die mit den Nike-Sportschuhen. Die Marke hat es geschafft, klare Territoriumsgrenzen auf dem Schulhof zu etablieren. Sie liefert den Jungs Material zur Abgrenzung – gegen Kunden anderer Marken. Mit Hilfe der Marke wird geprobt für den Lebenskampf – nur die hereinlassen, die den eigenen Bedingungen gehorchen. Obwohl der Lehrer in der Schulklasse zur Humanität erzieht und bei jeder Gelegenheit veranschaulicht, dass alle Menschen gleich sind, beginnen nach dem Pausenzeichen die Marken sogleich wieder ihre unterschiedliche Ordnung herzustellen. Auf dem Schulhof sind die Zulassungsbedingungen zur Ecke klar: Die Sportschuhmarke ist die Eintrittskarte.

Der Zugang zum berühmten russischen Ballet des Bolschoi-Theaters ist anderer Art. Die Zehnjährigen quälen sich bereits mit ernsten Gesichtern vor der Aufnahme-Jury der Ausbildungsschulen, und wem der Zugang gelingt – die Hürde zu nehmen, wie wir umgangssprachlich sagen und damit eben jene Grenze meinen –, der steht ein Berufsleben lang unter dem harten Gesetz dieser Tanztruppe. Der Zugang zu den Tupperware-Behältern wird über die Tupperware-Parties geregelt, die ein soziales Drinnen von extremer Wertigkeit erzeugt haben.[9]

Die Zulassungskriterien sind von überwältigender Fülle. Der Punktestand der Fußball-Bundesliga beispielsweise entscheidet darüber, ob jemand zur 1. oder 2. Liga gehört, ob er innerhalb einer Liga zur Spitzengruppe oder zu den Abstiegskandidaten zählt. Unsere einschaltstarken Fernseh-Sportsendungen leben von der Grenze – von den Grenzkämpfen, denn wer da gegen wen spielt, gewinnt oder verliert, interessiert wegen der Ungleichheit zwischen ihnen. Bündnisse und Allianzen in der Politik sind Binnenräume mit erheblicher Anziehungs- und Abstoßungskraft. Zutrittsbedingungen sind umfänglich formuliert, und die, die draußen sind, bemühen sich – möglicherweise – um Aufnahme. Limitierte Auflagen von Produkten, Geheimrezepte, Unzugänglichkeit von Produktionsanlagen – alles Techniken, Markenkraft zu sichern. Und alles Vorgänge, die sich dem Öffnen, dem Geheimnisse-Verraten, dem In-Heiligtümer-eintreten-Lassen, scharf widersetzen. Alles, was sich in leichtherziger Weise öffnet, entweiht sich. Die kurzfristige Plünderung durch Anhänger und Fremde führt zum langfristigen Verlust von Anziehungskraft. Dicht halten – oder doch eben die

---

9 Vgl. Hans Robert Adelmann: Tupperware – Vom Produkt bis zur Kundschaft selbstbestimmt. In: Jahrbuch Markentechnik 2002/03, S. 43–53.

Zugänge kontrollieren, ist deshalb wichtiges Managementprinzip. Deshalb schwächt es, wenn es heißt: »SEB – mehr als eine Bank« (Skandinaviska Enskilda Banken).

Die Kleinkinder werden um einiges erwachsener, wenn sie zum ersten Mal etwas vom Teller der Mutter essen dürfen – ein großer Augenblick; wer das bei seinen Kindern miterlebt hat, ist gerührt. Der Schwertschlag der Ritterzeit, die Reifeprüfung der Neuzeit, Taufe und Konfirmation der Christen, die Trauung und der Ehering als der tränenreiche Wechsel in ein bisher unerreichtes Drinnen – Grenzen allüberall und ein riesiges Themengebiet.

Der holländische Optiker und Philosoph Baruch Spinoza benannte diesen Sachverhalt grundsätzlich so: Omnis determinatio est negatio – alles, was sich festlegt, negiert. Im Abgrenzen ist das allgemeine Strukturprinzip erkennbar, das durch die Drinnen-Draußen-Dramatik menschliche Dynamik bekommt. Denn nun unterscheidet man sich nicht nur, sondern die Unterscheidung führt zu energetischen Bewegungen: zu Prozessen der Anziehung und der Abstoßung. Die Drinnen-Draußen-Struktur ist die Voraussetzung für lebenskräftige Bejahung, für den Stolz im Inneren. Wie hieß es zuvor: Erst wer Nein gesagt hat, weiß, welches Ja er sein muss. Die kräftigen Herren vor den Etablissements der Hamburger Reeperbahn heißen ›Rausschmeißer‹. Der Rausschmiss eines werteschludernden Händlers aus dem Belieferungssystem einer Marke ist wichtige Grenzberichtigung und stärkt das System insgesamt. Jetzt mag deutlich sein, weshalb die Verbreitung eines Urteils wie »SEB – mehr als eine Bank« von falschen Voraussetzungen ausgeht und das Management offensichtlich keine Kenntnisse hat von dem Zusammenhang zwischen Energiebildung und Kompression.

Wie hatte Leibniz für die Monade entdeckt: »Aus dem Gesagten ergibt sich, dass die natürlichen Veränderungen der Monaden auf ein inneres Prinzip zurückgehen, da eine äußere Ursache auf ihr Inneres keinen Einfluss hat« (§ 11). Kein *Benchmarking* also betreiben, sondern alles, was kommt, aus dem eigenen Können entwickeln und die Abweichler herausschmeißen. Im Durchsetzungskampf zeigt sich die Kraft der Grenzen. Weil – markensoziologisch analysiert – allein die stimmigen Lebensäußerungen die Gestaltgemeinschaft der Kundschaft und der Wertschöpfungspartner stärken und allein affine Elemente zum Eintritt veranlassen.

Das eigene Oben gegen das Unten absetzen

Wir haben das Abgrenzen geklärt und das Drinnen und Draußen als dynamischen Stoffwechselvorgang erkannt. Doch die wirtschaftlich wichtigste Grenze ist die zwischen Oben und Unten. Jeder Lebensverbund ist durch diese Dimension charakterisiert. Ohne Oben und Unten überlebt kein sozialer Organismus. Also gilt es, Grenzen zu setzen und so zu handhaben, dass höhere Wertschöpfung ermöglicht wird. Jedes Oben heißt markentechnisch: Höchste Komprimierung, größte Kraftentfaltung. Nehmen wir nur das so genannte Treppchen, auf das man mit seiner Leistung will, und zwar auf das höchste. Emporen, Balustraden, erhöhte Sessel – auch das räumlich gebaute Oben unterstützt die Differenz. Unten heißt billig und wertvernichtend. Ich meine damit, dass es immer Führende und ihr Kompositionsmaterial geben wird, und dass das Zusammenwirken von Ungleichen die Voraussetzung für eine zu erbringende wertigere Leistung ist.

Eine Anekdote aus den Tagen der Französischen Revolution, die 1789 mit dem Sturm auf die Bastille begann, illustriert das auf ihre Weise. Als die Fischfrauen von Paris in jenem legendären Marsch nach Versailles Ludwig XVI. nach Paris holten, rief eine Fischfrau aus dem Zug einer Dame zu, die in der Kutsche am Straßenrand hielt:»Chère Dame, Ihr werdet sehen, was jetzt geschieht: Jetzt wird alles gleich – jetzt werdet Ihr die Fische verkaufen und wir werden die schönen Kleider tragen.« Die lebenserfahrene poissarde wusste, dass die propagierte Gleichheit eine neue Ungleichheit sein wird. Grenzen zwischen Oben und Unten machten dann das Napoleonische Kaiserreich tatsächlich sehr effizient.

Diese spezifische Ungleichheit schafft die wesentliche Voraussetzung für Leistungssysteme in der Wirtschaft: Arm und Reich, Privatpatient und Kassenpatient, die oberen Zehntausend und der Rest der Welt sind Beispiele. Die Autobauer differenzieren in 3er-, 5er- und 7er-Kategorien, und die Heiratssitte zeigt, wie wichtig das Heiraten »aus der gleichen Kiste« ist, wie es eine Adelige einmal formulierte, denn Mesalliancen beschäftigen zwar die Volksseele, sind aber in der Regel eine Öffnung nach unten, die viele aus dem Oben mit dem Rücktritt bezahlen, einige sogar mit dem Leben.

Aber es gibt auch Informations-Mesalliancen: Das Haus der offenen Tür, die Öffnung geheiligter Bezirke für die öffentliche Neugier, Niki Lauda und der ›Hinterraum‹ von Jaguar während einer Formel-1-Competition – »zum ersten Mal ...«, wie der Reporter voller Plünderungs-Stolz verkündete. Aber was war zu sehen: Ein vermüllter Raum mit angestrengt arbeitenden Technikern, die gestört wurden ... Im selben Rennen fielen beide Jordans aus – was sagt sich das Publikum nun: Na, bei dem Durcheinander dahinten ... Ein Minister, der sein Privatleben zum Besten gibt, ein Regierungschef, der dem Volk sein Arbeitszimmer zeigt – sie alle setzen sich gleichermaßen der Gefahr der Entkräftung aus. Ein damals sensationelles Foto zeigte den Präsidenten der Weimarer Republik Ebert in der Badehose an der See – für den Markensystemiker gibt es keinen Zweifel an der die Republik schwächenden Funktion dieses millionenfach reproduzierten Bildes.

Jede Zerstörung der Distanz zwischen Experte und Laie, zwischen Hersteller und Kunde, zwischen Oben und Unten führt zur Entkräftung des Markensystems, denn nur wenn Generator und Speicher, wenn die Leistungsquelle und die Kundschaft in der Ungleichheit miteinander schwingen, bleibt die Energie. Derartige Grenzöffnungen sind selbstmörderische Aktionen von Leistungssystemen. Öffnen Sie nie den heiligen Bezirk. Und wenn Sie meinen, keinen zu haben, schaffen Sie ihn. Das magische Zentrum ist wichtig für die Masse-Bildung um Ihre Leistung herum. Führen Sie Ihre Gäste, ihre Kunden, das Volk überall umher – bis an eine Tür, an ein Gitter oder ein Flatterband, und sagen Sie dann mit bedauernder Miene: Leider ist hier kein Zutritt, ins Heiligste darf ich Sie nicht lassen. Allein durch diese Grenzziehung gewährleisten Sie ihre Besonderheit, die Sie durch die Öffnung einbüßen würden. Der Preis Ihrer Produkte spielt in diesem Oben-Unten-Kampf selbstverständlich eine wichtige Rolle.

Für das Funktionieren von lebenden Gestaltsystemen ist es also wichtig, dass die Unterschiede erhalten bleiben. Wie es auch eine Anekdote veranschaulicht, die von einem der Rothschilds des 19. Jahrhunderts erzählt wird: Er solle sein Vermögen doch verteilen, damit auch die Armen etwas davon hätten. Nun gut, sagte der Baron, dann hätte jeder Erdenbürger einige Francs – und nun? Gegensätze sind das Leben, Gleichförmigkeit ist der Tod, so etwa hatte es Hans Domizlaff einmal formuliert.

Wie instrumentiere ich das Oben? Das Managen dieser Grenze ist aus mehreren Gründen besonders schwierig. Es verlangt höchste Anspannung aller Kräfte an allen Fronten gegen den Feind. Und der Verantwortliche muss mit einem subtilen Feind fertig werden, der ihn von innen zerstören will: mit dem Virus der Gleichheit. Der Führende steht unter enormem Druck, weil die epidemische Auffassung vom Wert der Gleichheit in doppelter Hinsicht schwächt: Erstens zieht diese öffentliche Meinung alles ständig nach unten, und zweitens verlangt sie permanent das Sich-Öffnen. Zwei energieschwächende Druckwellen, gegen die der Markenverantwortliche sich aktiv wappnen muss.

Weil diese Grenze zwischen Oben und Unten so lebenswichtig für Leistungssysteme ist, haben die Menschen unvorstellbar vielfältige Arten entwickelt, sie zu markieren. Örtliche Grenzen wie Burgmauern und Kontrollgitter sind dabei sicherlich wichtig, aber in den neuzeitlichen Zivilisationen stehen Menschen physisch gedrängt an der Verkehrsampel und sind doch durch Welten getrennt, durch ihre beruflichen Positionen, ihre Auffassungen, ihr Einkommen. In einem Zeitungskiosk liegen exklusive Spezialzeitschriften neben wohlfeilen Massenblättern und repräsentieren doch vehement gegeneinander abgegrenzte Gesellschaftsschichten.

Wie organisiere ich Distanz in diesem Berührungsdschungel moderner Agglomerationen? In denen Führer und Ausführende, Wohlhabende und Sozialhilfeempfänger sich vielfach begegnen und in denen durch die Massenpublizistik alle mit allen und allem in Kontakt kommen? Wie sichert man in diesem physisch unbeherrschbaren Räumen Ungleichheit? Welches Mittel erlaubt es, feinstoffliche Grenzen zu errichten, die doch die gleichen Hindernisse aufbauen wie Eisentore und Stadtmauern?[10]

Stil ist Geld

Dieses Mittel ist Stil. Die Instrumentierung von produktiver Distanz gelingt dem Oben durch Stil. In der Markentechnik nennen wir dies »Gestaltleistung«. Damit ist die in Gestalt gebrachte komplexe Systemleistung eines Unternehmens gemeint, nicht etwa nur Inszenierung oder Show. Der auch als Format zu bezeichnende Stil ruft die unsichtbaren Grenzen hervor, die das Oben vom Unten trennen. Die Schwellenangst gehört hierher, eine knifflige Sache. Wann senkt man die Schwelle, wann aber erhöht man sie auch? Denken Sie an die unerbittliche Abschottung des inneren Altarraumes in der prawoslawischen Kirche, vor dem sich die Gemeinde stehend versammelt. Ich war dabei, als in der St. Petersburger Marinekir-

---

10 Vgl. Günter Eser: Der Zwang zur Distinktion. In: Alexander Deichsel (Hrsg.): Die produktive Distanz, Beiträge zum Verhältnis von Masse und Elite, Hamburg 1987, S. 55–64 (»movable divider« in Flugzeugen und Differenzierungstechniken im Flugreiseverkehr).

che zum ersten Mal nach 70 Jahren wieder Säbel der Kadetten geweiht wurden. Die schmucken Kerls standen in ihren Uniformen vor dem Priester, ihre Mädchen wussten sie hinter sich, und der Pope erklärte ihnen, wann sie das Knie zu beugen hätten. Dann sagte er: Ich habe Euch nicht gerufen, aber ich wusste, eines Tages werdet Ihr wieder hier stehen und um Gottes Segen für die vaterländischen Waffen bitten. Und das in St. Petersburg, der unbesiegten Stadt. Der Pope arbeitete allein mit dem Stilganzen seiner Marke, in der er selbst ein aktuell Handelnder war. Das ist Markenkraft. Sonst hätte die orthodoxe Kirche das eisige Jahrhundert auch nicht überstanden.[11]

Stil ist das wichtigste Instrument, um nicht nur Abstand aufzubauen, sondern Abstand, *der nach oben zieht;* erst das Gemüt und dann auch die Bereitschaft, für den Erwerb oder die Teilhabe an diesem Oben Geld auszugeben.

Symmetrie:

Ein wirksames Mittel innerhalb dieses werterzeugenden Grundprinzips ist die Symmetrie. Sie ist ein alter Traum des menschlichen Wollens – eben weil die Natur selbst nie ganz symmetrisch ist. So finden wir symmetrische Anordnungen schon in ältesten Kulturzeugnissen. Die ägyptischen Pyramiden setzen es ein, die griechischen Tempel, die Steinsetzungen der Wikinger, und die Basilika als Grundform der christlichen Kirche verwendet es ebenfalls.

Auch in privaten Lebenszusammenhängen finden wir es. Das gotische Kaufmannshaus mit seinem Giebel verwendet es, die Tischordnungen sind symmetrisch, ein Zwei-Bett-Hotelzimmer ist auch heute in der Regel symmetrisch eingerichtet, die Hotelhalle, die dem gleichen Prinzip folgt, gewinnt über diese Mittel der Würde auch an Ruf und Erlösen. Kluge Dekorateure nutzen es in Schaufenstern, Innenarchitekten setzen auf die anziehende Kraft, die Kosmetik-Kette Body Shop setzt es regelmäßig ein für ihre Lädeneingänge und Dekorationen, wie dies z.B. im Hamburger Hauptbahnhof zu beobachten ist. *Eine* hässliche Lampe im Schaufenster ist hässlich, *zwei* hässliche Lampen, symmetrisch angeordnet, machen es schön.

---

11 Vgl. Rimma Schpakova: Kein Sterben im Frost. Markenphantasien in sozialistischer Not. In: Jahrbuch Markentechnik 1995, S. 227–234.

Versuchen Sie, im Arrangement Ihrer Dinge – der Produkte, der Räume, der Menschen – Symmetrie zu etablieren, und Sie etablieren damit Anziehungskraft. Die Angezogenen finden es schön, obwohl sie nicht sagen können, warum. Anziehung des Unten durch das Oben ist auch in religiösen, politischen, sportlichen, künstlerischen Veranstaltungen zu erkennen, die in der Regel immer mit diesem Prinzip arbeiten. Vor jedem Fußball-Länderspiel wird mit diesem Mittel Ehrfurcht erzeugt. Derartige Anziehung führt zu freudiger Hingabe eigener Energie, seien es Zuneigung, Vertrauen oder Geld. So ist es gemeint: Stil ist Geld.

Welche Erscheinung ist das Gegenteil? Ist Öffnung nach unten Wertvernichtung und auch stilistisch das Gegenteil symmetrischer Würde? Beispiel »Grabbelkiste«. Im ungepflegten Durcheinander werden nur Plünderungsinstinkte angeregt. Die Gestaltleistung solcher Arrangements zieht nach unten, die Gestaltschlussfolgerung läuft wie beim rot übermalten Preisschild unvermeidlich in Richtung Werterniedrigung, Ramsch. Umso schlimmer, wenn es sich in Wirklichkeit noch um eigentlich wertvolle Waren handelt und nur der fehlende Gestalt(ungs)wille des Verkaufenden den Ruin produziert.

Setzen Sie bei der Bildung von Kundschaft auf Stilistik. Sie liefert Ihnen die Möglichkeit, Ihre Leistungen diszipliniert so zu komponieren, dass im Publikum jene ästhetischen Urteile ausgelöst werden, die Aufmerksamkeit und – vor allem – Anhänglichkeit hervorrufen. Wenn sich derartige Urteile – und ich spreche hier bewusst von Urteilen, nicht von *Emotions* oder ansteigenden Hauttemperaturen –, wenn sich solche Urteile durch gute Produkterfahrungen ausbreiten und zum kollektiven positiven Vorurteil werden, dann haben Sie eine Grenze errichtet, die das Unten nach oben zieht. Das etablierte Stilgebiet ist dann ein Faktor Ihrer Wirtschaftskraft. Sie haben ein Markenterritorium erkämpft – das es nun zu sichern gilt. Nichts ist so praktisch wie das Schöne. Lassen Sie es mich nochmals anders sagen: Die Leistung eines Unternehmens erreicht ihr Maximum, wenn es Gestalthaftes leistet. Farben, Klänge, Stoffe, Baumaterialien, Raumaufteilungen, Kompositionskunst und vieles andere mehr sind in dieser operativen Ästhetisierung der Alltagswelt zum Führen einsetzbar.

Sprechen wir schließlich vom Preis, dem wirtschaftlich wichtigsten Merkmal einer Gestaltleistung. Der Preis ist in der Außenwirkung, als kundschaftsbildende Komponente, vor allem Gestaltleistung. Die Markensoziologie hat schon lange nachgewiesen, dass der Preis nicht nur kalkulatorische Größe ist, sondern auch eine Gestaltwirkung ausübt. Teures wird für wertvoll erachtet, Billiges für billig. Daran ändert keine Verbraucher-schutz-Aufklärung etwas und sogar keine persönliche Enttäuschung. Umso mehr wirkt ein wertgerechter Preis, der als nicht überhöht empfunden wird. Hinzu kommt der Unterschied zwischen klaren und gebrochenen Preisen. Wenn ein edles Parfum für € 79,99 statt für € 80,00 zu haben ist, dann wird die gestaltverletzende Funktion des gebrochenen Preises deutlich. Obwohl in der Kalkulation um nur einen Cent unterschieden, liegen Welten zwischen den beiden Preisen. Der runde, klare Preis strahlt Wert aus, der andere lädt zum Plündern ein.

Die elitären Fraktionen der Gesellschaft werden weiterhin nach Marken und Händlern suchen, die ihnen die nötige Distanz zum Unten ermöglichen, und sie werden dafür jeden Preis zahlen.[12] Eigenartigerweise gilt dieser Differenzierungswille auch in den breiten Mittelschichten, die unsere Wirtschaftsgesellschaften in den entwickelten Ländern inzwischen charakterisieren. Marke ermöglicht und fördert das Recht auf Eigenentfaltung und damit auf Ungleichheit. Sie kann im Verdrängungswettbewerb nur zur Verfügung gestellt werden, wenn subtiles, aber konsequentes Grenzmanagement organisiert wird. Die unten sind immer auf Die-da-oben angewiesen.»The survival of the fittest« wird im kulturellen Leben der Neuzeit durch die zu kaufenden Grenz-Hilfen unterstützt. Das Energiesystem Marke hilft dabei.

Markentechnische Empfehlungen

Die eigenen Grenzen so managen, dass ein deutliches Drinnen entsteht, welches ein Oben ist – so lautet das Resümee für den Markenführer.

Für das Markenmanagement ist die Sicherung der eigenen Markengrenzen Aufgabe des Tagesgeschäftes. Marken müssen grundsätzlich als geschlossene Gestaltsysteme geführt und aus ihrer spezifischen Struktur heraus organisiert werden. Nochmals Leibniz:»Es muss sogar jede einzelne Monade von jeder anderen unterschieden sein, denn es gibt in der Natur niemals zwei Wesen, die einander vollkommen glichen und bei denen es nicht möglich wäre, einen inneren oder auf eine innere Bestimmung begründeten Unterschied zu entdecken« (§ 9).

---

12 Vgl. Manfred Schmidt: Der Preiskrieg der Parfum-Marken. Über die Selbstzerstörung einer Branche. In: Jahrbuch Markentechnik 1997/98, S. 15–32; hier S. 31.

Für die Verantwortlichen ist es deshalb unverzichtbar zu wissen, wie Marken als Katalysatoren solcher Bündnisse funktionieren: Durch ihren Willen zur Grenze verstärken sie ihre Anziehungskraft. Denn die Ernährerin der Marke, die Kundschaft, sucht nach den Unterschieden und nutzt sie für ihre Lebensgestaltung.

Marke muss ihre Grenze als Instrument scharf halten. Als Mittel zur Differenzierung gilt es, den Willen zur Eigengrenze zu entwickeln und Marktteilnehmern zur Verfügung zustellen.

Marke muss ihre eigene Grenze maximal ausgestalten. Sie muss an ihren vielen Außenflächen die Gestaltrealien ›putzen‹. Nur so verdichtet sie die Kundschaft gegen alles Außen und macht die Rechte der einzelnen Wertschöpfungsstufen zu akzeptierten Pflichten.

Marke muss ihre Gestaltrealien monadisch führen. Die innere Vielheit muss sich als äußere Einheit stimmig ausdrücken. Disziplinierte Verdichtung aller Gestaltelemente schafft *das eine Ding* der Marke – mit all seinen ökonomischen Funktionen.

Das Grenzbewusstsein führt zur gestaltdisziplinierten Führung der Marke. In der gegenwärtigen Demokratisierung von Staat und Gesellschaft ist daher die Aristokratisierung der Marke zu empfehlen. Die allgemeine Verlumpung der Marke kann keine Lösung sein. Die Marke ist der Wirtschaftspolis bester Teil. Ohne starke Marken gibt es keine florierende Wirtschaft. Sie ist der Motor der Wirtschaft. Marken ordnen den Markt, und wir gehen einer Struktur entgegen, die einen geöffneten Billigwarenhandel mit markierten Produkten im unteren Bereich ermöglichen wird. Darüber werden Marken als grenzbewusste Wertschöpfungssysteme einen markengeordneten Markt aufbauen, der Wohlstand ermöglicht.

Nur mittels Gestalt ziehen wir Kunden an, nur Grenzen locken. Das vermeintliche Öffnen führt zwar zu periodischer Menge, doch die da hereinkommen, sind nur Durchreisende, zum Beispiel Schnäppchenjäger. Deutliche Grenze führt wegen der internen Kompression zur Anziehung. Ein hoher Grad von Selbstähnlichkeit transformiert außen flottierende Menge zu anhänglicher Masse. Warum sind auf dem Markusplatz in Venedig so viele Menschen? Weil auf dem Markusplatz in Venedig so viele Menschen sind oder vermutet werden. Das Naturgesetz gilt auch für Soziotope: Masse zieht Masse an. Und doch muss man nun darauf achten, dass aus der sich angezogen fühlenden Menge nicht jeder hereingelassen wird und dadurch

Masse auflöst oder Masse-Bildung verzögert und teuer macht. Gestaltdisziplin ist das Mittel und Grenzmanagement das Instrument, um dem Publikum Ungleichheit zur Verfügung zu stellen. Nein-Sagen stärkt. Grenze ist nicht Hemmnis und Schwächung, sondern das Gegenteil: Grenze ist Energeticum. Die Gestaltgemeinschaft Ihrer Kundschaft dankt es Ihnen. Ihre Erlöse beweisen es.

Literatur

Adelmann, Hans Robert: Tupperware – Vom Produkt bis zur Kundschaft selbstbestimmt. In: Jahrbuch Markentechnik 2002/03, S. 43–53.

Bergson, Henri: L'Energie spirituelle. Paris 1919.

Brandmeyer, Klaus: Achtung Marke. Hamburg 2002.

Deichsel, Alexander (Hrsg.): Die produktive Distanz. Beiträge zum Verhältnis von Masse und Elite. Hamburg 1987.

Eser, Günter: Der Zwang zur Distinktion. In: Die produktive Distanz. Beiträge zum Verhältnis von Masse und Elite. Hrsg. von Alexander Deichsel Hamburg 1987, S. 55–64.

Fezer, Karl-Heinz: Kommentar zum Markenrecht. München 1997.

Hunter, J. Davison: Culture Wars. The Struggle to define America. New York 1991.

Leibniz, Gottfried Wilhelm: Monadologie. Zuerst: 1714; div. Ausgaben, u.a. Reclam Universal Bibliothek Nr. 7853, Stuttgart 1998.

Schmidt, Manfred: Markenschutz durch geregelte Distribution. Eine Erfahrung fürs Leben. In: Jahrbuch Markentechnik 1995, S. 97–112.

Schmidt, Manfred: Der Preiskrieg der Parfum-Marken. Über die Selbstzerstörung einer Branche. In: Jahrbuch Markentechnik 1997/98, S.15–32.

Schpakova, Rimma: Kein Sterben im Frost. Markenphantasien in sozialistischer Not. In: Jahrbuch Markentechnik 1995, S. 227–234.

Tarde, Gabriel: Das Gesetz der Nachahmung – Über die Entstehung von Sozialität. In: Jahrbuch Markentechnik 2002/03, S. 389–400.

Erstveröffentlichung in:

Neinsagen stärkt – über die Bedeutung von Grenze in der Markenführung. Hrsg. von Wolfgang Poppelbaum. Hamburg 2002 (Zehntes Leibniz Forum der Hamburger Feuerkasse).

Wiederabdruck mit freundlicher Genehmigung der Hamburger Feuerkasse Versicherungs AG.

Das Institut für Markentechnik in Genf
und seine Geschichte

1939   Hans Domizlaff veröffentlicht sein Lehrbuch der Markentechnik: »Die Gewinnung des öffentlichen Vertrauens«. Darin fasst er die Erkenntnisse aus den ersten 15 Jahren seines markentechnischen Schaffens zusammen und leitet aus ihnen Gesetze für die Markenführung ab. Sein künstlerisches, naturwissenschaftliches und massenpsychologisches Wissen und seine höchst erfolgreiche Tätigkeit als Markenschöpfer für die Firma Reemtsma sowie als Berater des Hauses Siemens münden in die Schlussfolgerung, dass Marken leistungsernste, individuelle Gestaltangebote sind, an denen sich die Massenseele kristallisiert. Sein umfängliches wissenschaftliches Werk bildet den Hintergrund zu einer stringenten Führungslehre für Markenunternehmen.

Später gründet er an der Hamburger Elbchaussee sein »Institut für Markentechnik«, an dem er als Markenschöpfer und Unternehmensberater, aber auch als Wissenschaftler und Autor tätig ist. Die von ihm geschaffenen Marken bewegen sich auch nach dem Krieg in homogenen Märkten, in denen die Hersteller dominieren und ihre Endverbraucherpreise selbst festlegen. Domizlaff erlebt allerdings auch noch den Zusammenbruch dieser Strukturen und warnt vor den Folgen. Doch es findet sich kein Weg, seine Markentechnik auf die grundlegenden Veränderungen in den Märkten einzustellen. Seine Arbeit wird nicht fortgesetzt.

In den siebziger Jahren beginnen sich die wachsenden, geordneten Märkte in gesättigte Verdrängungsmärkte zu verwandeln. Branchengrenzen brechen auf, Händler gewinnen an Dominanz, Preiskriege setzen das kaufmännische Denken außer Kraft. Das Marketing aus den USA kommt wie gerufen, um bei der Ausschöpfung beliebiger Märkte zu helfen. Markentechnisches Denken in den Unternehmen wird überrollt von der externen Orientierung an wechselnden Zielen.

Anfang der achtziger Jahre stößt der Verleger Wolfgang K. A. Disch die markentechnische Diskussion mit einer Neuauflage der »Gewinnung des öffentlichen Vertrauens« (Domizlaff, Hamburg 1982) wieder an. Wenig später wird Klaus Brandmeyer als Gastprofessor an die Hochschule der Künste in Berlin berufen. Er lehrt Markenführung und Kommunikation auf der Basis des Domizlaff'schen Gedankenguts und seiner beruflichen Erfahrungen als Werbeberater.

1984   Alexander Deichsel, Professor für Soziologie an der Universität Hamburg, entdeckt die Marke als Gegenstand für seine Wissenschaft. In langjähriger Forschungs- und Lehrtätigkeit entwickelt er die Markensoziologie als Grundlage der Markentechnik: Sie ist die Lehre von den Beziehungsgeflechten des Gestaltsystems Marke, von den unterschiedlichen Bündnissen und Abgrenzungen, festgemacht an den Wertschöpfungsstufen eines solchen Wirtschaftskörpers. Im selben Jahr wird Klaus Brandmeyer Lehrbeauftragter am Institut für Soziologie in Hamburg. Die Denkgemeinschaft mit Alexander Deichsel erweist sich als sehr fruchtbar. Sie geben zusammen Bücher heraus (»Die produktive Distanz«, Hamburg 1987; »Der situative Mensch«, Hamburg 1990) und setzen sich in ihren Veröffentlichungen mit Fehlentwicklungen in der Markenführung auseinander.

Am Institut für Soziologie entstehen wissenschaftliche Arbeiten zum Thema Marke. Bis zur Emeritierung von Alexander Deichsel im Frühjahr 2000 werden an seinem Lehrstuhl Soziologen systematisch als Markentechniker ausgebildet. Hier bietet sich später die Möglichkeit, herausragende Mitarbeiter für das neu gegründete Institut für Markentechnik in Genf zu gewinnen.

1985   Manfred Schmidt wird Vorsitzender der Geschäftsführung der Telefunken (Thomson). Er saniert die Traditionsmarke, die im weltweiten Preiskrieg zu Boden gegangen war. Nach fünfjährigen Auseinandersetzungen mit Kartellamt und Bundesgerichtshof setzt er das Telefunken Agentursystem durch und gewinnt die Marktführerschaft bei Farbfernsehgeräten zurück.

1989   Der Deutsche Markenverband zeichnet Klaus Brandmeyer und Roland Schulz dafür aus, dass sie mit ihrer »Marken-Bilanz« ein datengestütztes System »zur Bestimmung und Steuerung von Markenwerten« entwickelt haben. A. C. Nielsen erwirbt die Lizenz für die Marken-Bilanz, lässt sie von Prof. Trommsdorf in Berlin bearbeiten und bringt dieses Markenbewertungsverfahren als »Brand Performance System« auf den Markt.

1990   Nokia bestellt Manfred Schmidt zum Senior Executive Vice President Consumer Electronics in Europa. Er integriert die voneinander unabhängig operierenden finnischen, schwedischen, französischen und deutschen Hauptmarken des Konzerns zu einer europäischen Consumer Electronics Gruppe.

Wolfgang K. A. Disch bringt eine erste Aufsatzsammlung von Klaus Brandmeyer, »Unterwegs in Sachen Marke«, als Buch heraus.

1991   »Die magische Gestalt – Die Marke im Zeitalter der Massenware« erscheint. Das Buch fasst zusammen, was Klaus Brandmeyer und Alexander Deichsel in den ersten Jahren ihrer markensoziologischen Denkgemeinschaft erarbeitet haben. Klaus Brandmeyer wird als Gastprofessor für Markentechnik an die Universität Innsbruck berufen.

Vor der Europäischen Kommission erwirkt Manfred Schmidt für Nokia CE die Einzelfreigabe für europaweit gültige innovative Vertriebsbindungsverträge.

1994   Eine neue Phase beginnt. Nach einjähriger Vorarbeit wird das »Institut für Markentechnik Genf« gegründet. Manfred Schmidt als Vorsitzender dieser Aktiengesellschaft wird zum wichtigsten Impulsgeber für eine markentechnische Unternehmenspraxis, die den extrem schlechten Bedingungen der Verdrängungsmärkte standhält. Die neue Markentechnik bewährt sich in der Beratungsarbeit vom ersten Tag an. Sie lenkt schwach gewordene Marken durch normatives Denken wieder auf ihre Stärken; zugleich erhöht sie die lebensnotwendige Dynamik im Unternehmen.

Die Symbiose aus Markensoziologie (Alexander Deichsel), Gestalt-Wissen (Klaus Brandmeyer) und Management-Können (Manfred Schmidt), ergänzt durch Erkenntnisse der Evolutions- und der Systemtheorie, lässt in Genf ein einzigartiges theoretisches Fundament und verlässliche Normen für die heutige Markenführung entstehen. Sie werden dringend gebraucht. Denn die Öffnung der Marken hat sich zu diesem Zeitpunkt bereits als folgenschwerer Irrtum erwiesen: Die Ergebnisse der Unternehmen brechen ein. Und selbst der Handel verdient immer weniger.

1995   Das erste »Jahrbuch Markentechnik« erscheint im Deutschen Fachverlag, Frankfurt am Main. Es vereint aktuelle markentechnische Beiträge von 20 internationalen Autoren. Das Jahrbuch Markentechnik, das alle zwei Jahre neu herausgegeben wird, entwickelt sich zum Sprachrohr einer Bewegung, die Marke als kaufmännisch orientiertes Wertschöpfungssystem versteht und nicht nur als Design- und Kommunikationsobjekt. Sitz der Redaktion ist heute das Institut für Markentechnik in Genf.

1997   In Genf findet das 1. *Internationale Markentechnikum*® statt. Die Spitzenkonferenz für Markenführung stellt der Fachöffentlichkeit Antworten zu drängenden Fragen des Markenmanagements vor. Fallstudien und Beiträge aus anderen Wissenschaften bilden das Fundament für die vorgetragenen Erkenntnisse. Die Vorträge sind so aufeinander abgestimmt, dass geschlossene Lösungsketten geboten werden. Die Teilnehmer kommen aus den unterschiedlichsten Branchen.

Aus der markentechnischen Forderung, die Marke ebenso nach Hard Facts zu führen wie das ganze Unternehmen, entwickelt sich das Forschungsprojekt »Der Genetische Code der Marke«. An den Naturwissenschaften orientiert, deckt er die Ursache-Wirkungs-Beziehungen zwischen Unternehmensleistungen und Kundschaftsmeinungen auf. Damit wird das Reproduktionsprogramm von Marken sichtbar und ihre Evolution regelbar.

1998   Auf dem 2. *Internationalen Markentechnikum* wird *Der Genetische Code der Marke*® erstmals als Management-System präsentiert. In der Unternehmenspraxis bewährt es sich als das erste operationalisierbare Markeninstrument, mit dem alle Kräfte im Unternehmen markenstärkend geführt werden können.

Mit der Fusionswelle in der Wirtschaft werden Marken zusammengeführt, die bis gestern Wettbewerber waren. Die Markenportfolios schwellen an. Ein neues Ordnungsprinzip für Mehr-Markensysteme wird benötigt, um die enormen Kräfte, die in Firmen-, Produkt- und Sortimentsnamen stecken, wirtschaftlich vernünftig nutzen zu können und nicht nur Kostenvorteile zu realisieren.

1999   Diesen neuen Fragestellungen ist das *3. Internationale Markentechnikum* ausschließlich gewidmet. Als wichtigste markentechnische Antwort präsentiert das Institut die *Markenarchitektur*. Das Instrument folgt dem Prinzip der Energiemaximierung. Da die Markenenergien nicht im Unternehmen, sondern in der Kundschaft gespeichert sind, müssen die Prozesse markensoziologisch analysiert und gesteuert werden: Getrennt halten, was sich widerspricht, zusammenführen, was sich stärkt. Synergien heben, ohne Markenenergie zu vernichten. Die Deutsche Post World Net präsentiert ihre neue *Markenarchitektur* als Anschauungsbeispiel.

Am 26. Oktober 1999 meldet das Handelsblatt: »Das Genfer Institut für Markentechnik ist der nach Meinung von Führungskräften kompetenteste Ansprechpartner in Sachen Markenführung [...]. Von 190 befragten Marketing-Verantwortlichen nannten 62 Prozent die Kompetenz des Genfer Instituts hoch oder sehr hoch.«

Neue Märkte und die Liberalisierung bislang monopolistischer Branchen bescheren den Märkten täglich neue Markenkreationen. Für den unternehmerischen Aufbau von Markensystemen steht aber keine zuverlässige Management-Methodik zur Verfügung.

2000   Das Projekt »*Marken-Zielcode*« wird auf dem *4. Internationalen Markentechnikum* vorgestellt. Das Institut bringt seine analytische Erfahrung aus über 40 Genetischen Codes ein. Durch Analogiebildung wird es möglich, ein Evolutionsprogramm auch für neue Marken zu entwerfen: Die Genese der Marke wird bewusst, Differenzierungsfelder werden identifiziert und über die Unternehmensfunktionen besetzt. Die Marke kann damit von Beginn an kontrolliert auf- und ausgebaut werden.

Auch auf die Internet-Frage antwortet die Markentechnik. Denn das neue Medium eröffnet neue Möglichkeiten und erweist sich zugleich als riskant für die Markenführung. Auf dem Internationalen Markentechnikum stellen Henning Meyer und Andreas Pogoda die markentechnischen Grundregeln vor, wie mit Marken im Internet umzugehen ist. Auch hier liefert das kundschaftsorientierte, markensoziologische Denken die Richtschnur: Nur als ungeteilte Gestalt entwickeln Marken ihre ganze Wirtschaftskraft. Ein Eigenleben im Web entlarvt sich als Illusion.

2001   Im Herbst erscheint das Jahrbuch Markentechnik mit einem vierten Band, betreut von Christian Prill. Die Autoren widmen sich u.a. der Evolution von Markensystemen und ihrer Architektur. Management-Berichte aus verschiedenen Branchen demonstrieren markentechnisch erfolgreiches Handeln in der Praxis. Zum 19. Mal wird das Genfer Management-Seminar *Selbstähnliche Markenführung*® durchgeführt.

Die »Kardinaltugenden der Markenführung« sind das beherrschende Thema des 5. *Internationalen Markentechnikums* in Genf. Sieben Jahre Beratungspraxis des Instituts haben erkennen lassen, an welchen Stellen Unternehmen die entscheidenden Fehler machen – in der Sortimentsgestaltung ebenso wie in der Distribution und der Kommunikation. Die Konferenzbeiträge demonstrieren, wie die Schnittstellen zum Kunden und seinem Geld besser organisiert werden können.

2002   Im Institut für Markentechnik Genf arbeiten inzwischen ein Dutzend gut ausgebildeter Markentechniker und das Direktorium Hand in Hand, wenn es darum geht, die Markenprobleme der beratenen Unternehmen sorgfältig zu analysieren und jeweils spezifische markentechnische Lösungen auszuarbeiten. Die am häufigsten in Anspruch genommenen Beratungsleistungen sind *Der Genetische Code der Marke*®, die *Markenverfassung*®, *Preis- und Konditionenmanagement, Vertriebsarchitektur, Markenarchitektur*® und *Kommunikationsmanagement.*

Als immer dringlichere Aufgabe stellt sich eine operative Definition der Marke, die zugleich deren Komplexität abfängt. Nur mit ihrer Hilfe lassen sich alle Stellen markieren, wo die Marke von unternehmerischen Maßnahmen berührt ist. Dort müssen sichernde Grundlagen eingeführt werden und bereichsspezifische Führungsinstrumente bereitstehen, die das Management befähigen, strategische und tagesgeschäftliche Entscheidungen im vollen Bewusstsein der Auswirkungen auf die Marke zu treffen.

Das 6. *Internationale Markentechnikum* im September dieses Jahres ist deshalb dem Brückenschlag zwischen Markenführung und Unternehmensmanagement gewidmet. Die Basis dafür liefert die in sechsjähriger Forschungs- und Beratungsarbeit vom Institut für Markentechnik entwickelte »Genfer Markendefinition«.

Erstveröffentlichung in:

Klaus Brandmeyer: Achtung Marke. Hamburg 2002.

Wiederabdruck mit freundlicher Genehmigung des Verlages Gruner + Jahr AG & Co.

Wirtschaft ...

Karlheinz Küting/
Hans-Christoph Noack Hg.

Der große BWL-Führer

Die 50 wichtigsten Strategien und
Instrumente zur Unternehmensführung.

2003. 392 Seiten. Hardcover. 44,00 €
ISBN 3-89843-085-5

Jörg Pfannenberg

Veränderungskommunikation

Den Change-Prozess wirkungsvoll
unterstützen. Grundlagen, Projekte,
Praxisbeispiele.

2003. 264 Seiten. Paperback. 29,90 €
ISBN 3-934191-81-9

Manfred Piwinger Hg.

Ausgezeichnete Geschäftsberichte

Von Profis lernen: Fallbeispiele außergewöhnlicher Präsentationen.

*2003. 264 Seiten. Mit vierfarbigen
Abbildungen. Paperback. 35,00 €*
ISBN 3-934191-80-0

Michael Behrens

Wie Unternehmer Reden schreiben

Geistreich und treffend formulieren.

2003. Ca. 250 Seiten. Paperback. 29,90 €
ISBN 3-934191-74-6

Frankfurter Allgemeine Buch
IM F.A.Z.-INSTITUT

... aus erster Hand!

Die Arbeitshandbücher

Als Wirtschaftsbuch-Verlag verstehen wir uns als Vermittler von Wissen für Fach- und Führungskräfte. Wir unterstützen Sie in der Professionalisierung Ihrer fachspezifischen Instrumente (professional skills) und in der Weiterentwicklung Ihrer ganz persönlichen Fähigkeiten (personal skills).

Die Bücher bieten Ihnen fundierte Hintergrundinformationen, Basiswissen sowie Entscheidungshilfen auf den Gebieten **Wirtschaft, Kommunikation** und **Marketing.**

Die Lesebücher

Tagtäglich werden die Brennpunkte aus Wirtschaft, Politik und Gesellschaft in der Frankfurter Allgemeinen Zeitung diskutiert. Frankfurter Allgemeine Buch greift die interessantesten und wichtigsten dieser Themen auf und vertieft diese in verschiedenen Verlagsreihen.

Streitbare Breviere, unterhaltsame Sachbücher und Biographien prominenter Persönlichkeiten garantieren Lesegenuß und die „Durchlüftung" Ihres Denkapparates.

www.fazbuch.de

Der Book-Shop mit vielen **Büchern, Leseproben** und **Autoreninformationen.**

Frankfurter Allgemeine Buch
IM F.A.Z.-INSTITUT